作 者 手 记

这本书所提出的意见和建议以及生活技巧一定能帮助你改善与丈夫之间的关系（或者是你与妻子之间的关系，如果你让妻子读了这本书的话），提高你对自己、对婚姻、对生活的认识。但是她在给我们带来蓬勃热情和积极乐观的同时，我们对她也要认真看待。就像我在第一本书《女人搅乱自己生活的十大蠢事》中提到的和在后来的《夫妻双方搅乱夫妻关系的十大蠢事》一书中重申的，三个 A（Addictions, Abuse and Affairs，意即纵容、虐待和私通）是导致婚姻解体的三种行为，也是保护自身权益、结束婚姻的三大证据。如果夫妻中的一方或双方本身就无可救药、充满危险、邪恶不良，这本书就不能适用于他们。

正如书中鲜活的真实故事所述，《懂得体贴——魅力妻子对待丈夫的艺术》一书激活了无数死气沉沉、呆板单调、令人气恼窝火、灰心沮丧的婚姻，拯救了无数接近解体、濒临死亡的婚姻。我曾经遇到过这种情况，有些女人几乎天天打电话来痛斥她们的男人，抱怨数月来婚姻心理治疗对她们毫无用处（学术上称为“牢骚时段”），绞尽脑汁考虑怎样对待她们的婚姻。我要（唉，真的是重复唠叨）她们试试书中的某些点子，比如说找出一件或两件事情（不管事情多么小）连续五天每天恭维她们的丈夫，她们打回电话告诉我她们惊愕不已的感觉，这些尝试在她们对男人的感觉、对丈夫的举止、对家庭的气氛等方面都产生了非常积极的效果。她们看到了进步！她们感到了力量！她们比以前更高兴了！她们感受到了婚姻的滋润和幸福！

我深深地希望这本书能给你的家庭带来这样的滋润和幸福！

附言：阅读这本书有利于你的身体健康！宾夕法尼亚大学的生物学家说：“男人的汗液能有效地调剂女人的心情。它有助于减轻压力、带来放松甚至影响月经周期。”（《奥伦治县志》，2003 年 5 月）。

——劳拉·斯格勒辛格博士

魅力妻子对待丈夫的艺术

懂得体贴

The Proper Care and Feeding of Husbands

[美] 劳拉·斯格勒辛格博士
——《纽约时报》评选的畅销书作者
(Dr. Laura Schlessinger) 著
季琼 译

中国社会科学出版社 线装书局

图书在版编目（CIP）数据

懂得体贴——魅力妻子对待丈夫的艺术/（美）斯格勒辛格著；季琼译. －北京：线装书局 中国社会科学出版社，2005.6

书名原文：The Proper Care and Feeding of Husbands

ISBN 7－80106－408－9

Ⅰ. 懂… Ⅱ. ①斯… ②季… Ⅲ. 家庭生活－通俗读物
Ⅳ. C913.11－49

中国版本图书馆 CIP 数据核字（2005）第 021735 号

版权贸易合同登记号 图字：01－2004－4989

责任编辑 张 剑
特邀编辑 贾 益
责任校对 李宗坤
责任印制 王雪梅
封面设计 吕清清

出版发行 线装书局 中国社会科学出版社
社 址 北京鼓楼西大街 41 号（100009） 北京鼓楼西大街甲 158 号（100720）
网 址 http://www.xzshuju@hotmail.com http://www.csspw.cn
电 话 010－84029450（邮购）
排 版 北京中文天地文化艺术有限公司
经 销 新华书店
印刷装订 北京世界知识印刷厂
版 次 2005 年 6 月第 1 版 印 次 2005 年 6 月第 1 次印刷
开 本 640×960 毫米 1/16
印 张 14
字 数 158 千字
定 价 25.00 元

编辑部联系电话：010－64045632；010－64059527

谨以此书献给支持我的家人和朋友，在此对他们表示敬意和感谢！

劳拉·斯格勒辛格博士的其它著作：

《女人搅乱自己生活的十大蠢事》

《你怎么能这样做呢?!——放弃自己的性格，放弃自己的勇气，放弃自己的良知》

《男人搅乱他们生活的十大蠢事》

《十大戒律：上帝的法则在日常生活中的重要性》

《家长搅乱孩子生活的蠢事》

《夫妻双方搅乱夫妻关系的十大蠢事》

儿童读物：

《你为什么爱我?》

《我就是想要它!》

《长大真难》

《上帝在哪里?》

CONTENTS
目　　录

致谢词

没有我的听众们通情达理、直言相告、畅所欲言、慷慨大方、体会深刻的投稿，我的这本书不可能问世。衷心感谢所有帮助过我的人，有了你们的帮助我才能帮助他人。

引　言

作为一个男人，我可以这样对你说：我们的需求很简单。我们希望自己被老婆调养、孩子被妈妈疼爱，而且我们需要柔情蜜意。

文斯

男人只对两件事情感兴趣：如果我性欲不强，就给我来一块三明治。

约翰

我是一个三十七岁的男人，见过不少生活的风风雨雨，愿意为你研究如何对待男人提供这些体会。我们是男人，不是好似低等动物的傻瓜，不是通晓心灵感应的特异功能者，也不是一点儿也不浪漫。我们只需要敞开心扉的沟通，表达明白的欣赏，忠贞不渝的爱情和发自内心的尊重。我们会因为这一切来回报你们，为了让你们开心，我们愿意为你们摘星揽月。你根本不需要为了得到你想得到的东西去刻意“经营”一个男人。我们男人活着就是为了照顾老婆孩子，挑起家庭大梁的。切记我们是男人，我们的需求很简单，但是不能被小看被忽视。找到一个好男人难，守住一个好男人并不难。

丹

“找到一个好男人难，守住一个好男人并不难”。这句话应该会让你驻足思考。作为一名电台脱口秀主持人和心理治疗师，有些事情一直困扰着我，扰得我不得不给大家讲一些令人伤感的然而又是千真万确的事实。许多女人拼命抓住某些愚笨的家伙，给那些粗声俗气的情场老手以可乘之机，不采取任何安全措施就与某些自己连姓氏都不知道的男人发生性关系，心甘情愿和某些心存侥幸心理或者碌碌无为的男人同居并冒险和他们生儿育女。可悲的是，她们竟然把这一切美其名曰对爱情的追求，却因一时的不满和愤恨对善解人意、勤勤恳恳、体贴入微的丈夫不予以任何体贴、关心爱护、尊重认可和疼爱之情；而这一切正是一名丈夫需要得到满足的。

使我更加百思不得其解的是，许多女人似乎一点都不在乎，一点也没有意识到她们在对自己的男人以致婚姻造成毁灭性的打击。一些女人打电话向我咨询，当她们想获得某种自由或者想休整调养的时候，她们是否可以在“无他”的情况下休一个较长的假期；当她们情绪不好或者过度疲劳时，是否可以拒绝和丈夫做爱；当她们觉得买菜做饭太枯燥无味时，是否可以在丈夫下班回家时不给他们做饭；当她们认为不需要征求丈夫的意见时，她们是否可以不向丈夫通报某些情况（比如说与家庭有关或者与家庭开支有关的问题）；这些女人还问，她们是否真的非得花时间陪丈夫的家人（比如说姻亲或者过继的孩子）；她们是否非得对丈夫的爱好表示兴趣，即使她们已经对这些爱好厌倦到了极点；如此种种，你们自己可以想像她们还会提到的问题。

下面我来仔细谈谈一个具体的咨询电话，正是这个咨询电话触发了我提笔写书的激情。安妮特今年三十五岁，丈夫三十九岁，他们的儿子一岁。她是一个不外出工作的家庭主妇，却不喜欢做饭，而且认为没有必要花太多的时间做饭。她在电话中问这样是否对她的孩子会造成伤害。当即，我就猛地一下感到她对丈夫的所欲所求缺乏关心——要知道，这个丈夫可是每天在义无反顾地为了她和她的孩子“驱妖镇魔”、拼命工作。为了对这位来访者有一个真实的感觉，你可以大胆想像她说话的语气彻头彻尾充满着反感抵触和满不在乎的情绪。

劳拉博士： 你做些什么吃的？

安妮特： 我们吃花生仁黄油咖喱三明治。

劳拉博士： 一日三餐都吃这个不利于健康。

安妮特： 不，他（指小孩）不是一日三餐都吃这个。

劳拉博士： 你们的主餐吃什么？

安妮特： 噢，他才一岁还在吃奶。

劳拉博士： 你们家成年人吃什么？

安妮特：我丈夫吃冰箱里现成的墨西哥牛肉玉米面，我吃点谷类食物或者松软白干酪什么的。我丈夫不大喜欢吃我做的饭菜。

劳拉博士：你们的饮食真的搭配不均，不利健康，你是否真的故意做他不喜欢吃又难吃的东西呢？他的胃口真的那么难以调整吗？

安妮特（讽刺地）：不，只是我的厨艺不好（难以让人理解的是她那种充满反感抵触和满不在乎的语气）。

劳拉博士：好了，安妮特，成为一名好厨手并不是一件很难的事情，你需要做的一切就是读一个培训班或者买一本菜谱书。我想，你是否故意在淡化他对家中饭菜的喜爱，那么你就可以心安理得地不做饭了。我来跟你谈谈这样做对孩子的不利影响吧。就餐时间对一个家庭起着极其重要的作用。在这段时间里，孩子和父母可以建立亲情纽带，培养他们与父母沟通的能力，使他们感觉跟父母贴得更近，从而建立他们的自尊。餐桌就是建立这样一种纽带的非常重要的媒介。一家人围坐餐桌边，做做祷告，谈笑风生，品尝美食，尽享团聚的快乐，应该是一种生活习惯。因此，如果你认为那样做是在干你自己不愿意干的事情，你还是得干下去。要不然，你是否准备教你的儿子可以根本不干或者不干好他不愿意干的事情呢？如果真是那样，你的孩子长大以后一定会成为一颗恶果。

确实有许多我们不乐意去做的事情，但是它们却可以给我们的生活注入活力，是我们扮演的各种生活角色应当承担的责任。作为一个集体的一员，不管我们是否喜欢某事某物某人，我们必须顾全大局，服从集体。所以，如果你不外出工作，我认为你花功夫学会做一手可口的饭菜是一件非常重要的事情，因为这样可以给你的家庭带来温馨和快乐。如果你丈夫能够吃带有调料的速冻墨西哥食品，这说明他毫不挑食，肠胃功能好——所以，你不做饭，会使你与他共餐的机会越来越少。我真的不能理解你对丈夫的这种反感情绪，特别是来自一个已有一岁孩子的女人的这种反感情绪。能否给你的孩子营造一个安全和睦的家庭很大程度上取决于你的婚姻状况和婚姻质量。我真心希望你能做出更大的努力。

大多数女人对她们的丈夫满腹牢骚，抱怨不能从丈夫那里得到她们想要的东西；其实，她们应该静下来好好想想她们对自己的丈夫是多么不恭不敬、满不在乎。她们也应该想想自己是如何以牺牲丈夫和婚姻为代价，把时间和精力花在了什么样的事情上。她们也许会惊愕地发现她们花在外人身上的功夫比花在那个原本最重要的人身上的要多得多。正如我的一名听众加里所说：

丈夫就好比一匹马。一天下来，他已经是奔波劳累、汗流浃背。就像电影里演的一样，如果马的主人使劲抽打他、赶着他走，他就会就此停滞不前、猛然弯背跃起以示反抗。

如果你爱他，哄哄他，他就会自觉自愿、披肝沥胆、马不停蹄地往前走，决不让主人失望。他会为他所爱的人鞠躬尽瘁、死而后已。

那么，女人应当选择哪种方式对待男人呢？

在长达二十五年的广播节目里，从来没有一名男性听众对我的观点提出任何异议，这个观点就是：男人非常简单。他们同意我的观点。我在广播节目里多次阐述，男人由女人而生，他们毕生都在渴望着女人的接受和认可。除非你的男人有明显的智力障碍或者人格缺陷（这只是例外，不是普遍情况），可以说，男人都愿意任他所爱的女人摆布。和他畅快沟通，对他尊重，充满爱意，为他提供食物，对他表示欣赏，他会心甘情愿为你去做任何你喜欢的事情——不管是愚蠢的还是聪明的。

正是由于这样一个特别的电话来访者桑迪，我写书的日程才得以提前获得了圆满成功——但这并不意味着我没有付出多少汗水，也不是说桑迪就没加阻拦。

桑迪：我和丈夫的关系非常糟糕。

劳拉博士：我想知道这是为什么呢？

桑迪：他说我太任性……但是我认为我们双方对彼此都太任性。

劳拉博士：他说你太任性到底是指什么呢？

桑迪：他总是说我喜欢管事——说我喜欢控制局势，我们应该一起讨论这些问题的时候，我总和他兜圈子。说我总是一味往前冲，自行其是。

劳拉博士：那么你为什么要这么做呢？

桑迪：我自己也不知道。

劳拉博士：你这样会毁了你自己的婚姻，你为什么要继续这么做呢？

桑迪：但是，像上商店买东西这些无聊小事，我为什么还要和他商量呢？

劳拉博士：其实，和他聊聊，要他一起去也没有什么大碍，是吗？

桑迪：我只是没有这么去想。

劳拉博士：你们俩有小孩吗？

桑迪：有三个小孩。

劳拉博士：这就是我们不得不改变自己的原因所在——因为只有这样，三个孩子才会有一个祥和的家。我相信你一定能改变自己。

桑迪：我曾经努力过。

劳拉博士：不，没有。你根本没有改变。

桑迪：确实太难了。

劳拉博士：什么？太难了？这关系到三个孩子的生活。只要你们的三个孩子还依赖于你的改变，你就不要跟我谈困难二字。对你来说，在婚姻里表现得更好——更加善待你的丈夫，这应该是一个不可思议的好想法。

桑迪：好的。

为了帮助她改变状况，我在电话里当即就要她列了一个短短的清单，列出三件她丈夫希望她改变的、合理的事情。她开始冥思苦想。首先，可以想像的是，她根本不知道她的丈夫需要什么；其次，她总是对他牢骚满腹；第三，她对丈夫的需求总是抱着讽刺的态度，却总是乐此不疲地夸大自己必须要做的事情。噢！要想让她在思想上转弯，承认自己丈夫的一切需求和愿望都是合理的，还真是件难办的事儿，更不用说心甘情愿给丈夫提供点什么他想要的东西了。

我跟她解释说，改变确实很难，而埋怨别人却不费吹灰之力。我对她穷追不舍、刨根问底，为的是给她创造机会，为了她自己和孩子做得更好。最后，她变得温和起来——确实有点儿温柔——但你还是能感觉到她的急躁。

劳拉博士：你认为你改变哪三个合理的地方他会感到高兴呢？

桑迪：如果我听取他的建议，如果对他言听计从并且付诸行动。

劳拉博士：是的。对一桩婚姻来说，这才是公平的。还有什么别的吗？

桑迪：他希望我能接受他原有的生活方式和习惯，不要提出过多要求。

劳拉博士：一般来说，我认为这意味着他希望为他现在所取得的成功和所付出的努力得到欣赏。

桑迪：是的。

劳拉博士：但是，当你一味要他改变现状或者对他提出更多不同的要求时，他就会认为你对他现在所能提供的一切和所做的一切感到不满和不屑一顾。记住，这个男人是你自己选择的。对吗？那么，他需要你更多的欣赏。噢，第三点是什么？

桑迪：有时候可以对一些事情视而不见。他总是说我太追求完美。

劳拉博士：好的，慢慢来吧。

桑迪：好。

劳拉博士：下面给你交待几件事情。按照这样去做几天，然后打电话给我。第一，做事多征求他的意见；第二，对他表示出你欣赏他；第三，如果有些事情并不是什么原则问题，就不要计较，因为任何人都不愿意总是被人责怪。把这些复述一遍给我听听。

桑迪：征求他的意见，对他表示欣赏，如果不是原则问题不要计较。

几天后，桑迪真的打电话来了，连她自己都觉得非常惊奇的是，她只花了很少的工夫就把丈夫的情绪和行为调节好了，而且家里的气氛也活跃了起来，这一切使她的心态变得非常平和。

但是，我要不断提醒女人们的是：男人是简单的直线。通常，男人不像女人情绪反复无常（像月经前期综合征）或者对人际关系中的鸡毛蒜皮小事高度敏感、耿耿于怀（你什么时候听到过一个男人对岳父老子大发牢骚?）。男人往往心里怎么想，嘴里就怎么说，不像女人总是拐弯抹角、大兜圈子，典型的女人做法。而且，男人典型的特征就是，他们耐得住长时间的沉默（把自己封闭起来和酗酒就是他们能耐住寂寞的体现），直到最后发出痛苦的尖叫和抱怨声。然而，女人们更倾向于把絮絮叨叨、怨天尤人作为一种与同性朋友沟通甚至是娱乐的方式。

男人非常简单直接，他们自己也知道这一点。女人如果希望和男人真正幸福地生活在一起，必须明白这一点。

我的另外一名听众凯瑟琳这样说：

男人真的并不是我们所想像的那样复杂。男人喜欢听到他们的女人说她们过得幸福，而且他们就是自己女人幸福的源泉。男人真的值得你相敬如宾——而且要比宾客尊敬得多。男人喜欢奉承和尊重，他们也同样喜欢被人崇拜。我经常感谢我的丈夫为了我们一家辛苦工作，同时我也发动孩子们谢谢爸爸。当男人们疲惫不堪或者雷霆万钧的时候，他们会变得脾气暴躁。在这任何其中一种情况下，他们所说的话你都不要当真。男人不喜欢女人在他们的背后指指点点。你的男人不是你的"爸爸"，他跟你是同龄人，跟你一样也感到生活的压力和恐惧。如果你真是他的知己，你就应该帮助他减轻负担，而不是增加负担。男人也有梦想，不管是否合乎逻辑，这都无关紧要，重要的是你不要打击他。

但这并不是说我们之间就没有什么问题——任何人都会有自己的问题——然而当你的男人知道你爱她、尊重他、在与他一起努力的时候，这些问题都会迎刃而解。

那么多女人对这些基本的生活常识缺乏理解和认同，我感到极为伤感。最近有一位来访者参与到了我们的广播节目中。她已经第二次结婚，并且双方都把孩子带了过来。她有一份全职工作，而且被卷入到了各种活动和事务当中。她打电话抱怨她的丈夫要求太多。看来，她的丈夫对新的婚姻并不满意，因为他的妻子（也就是我们的来访者）不管是在床上还是在床下都没有时间陪他。她给我描述了一个不可思议的繁忙的日常工作计划，并且解释说，就像装得太满的盘子一样，她手头的事情确实太多太多，多得没有时间、没有精力、没有激情和新老公亲热，更不用说身体上的亲热了。

我立刻劝她从全局着想，就像拿起勺子把盘中的食物倒掉一样，放下手头的有些事情，为了她的新婚姻、为了她的老公、为了给他们俩人留出点时间和空间。她马上反问我："但是，他就不应该理解理解我吗？"我几乎都要气炸了。他应该理解被人冷落被人忽视的滋味？应该理解在妻子心中他排在最低的位置？于是，我反问她："他凭什么要当自己家中的宿客？而你自己却丝毫无意与他发展私人关系？他为什么会希望事情如此发展呢？他为什么要理解你把他排斥在你的生活之外这样的决定呢？"

我的问话很有效果，她的回答马上有了进步："噢，噢。我从来没有这样思考过。"

我再次重申，就像倒掉盘中的食物一样，她非得推掉那些她主动要求的工作，因为像食物贪婪地挤满盘子一样，这些工作会占用她的大部分时间。只有这样，她才能为丈夫留出时间，否则，她的丈夫将会把她从他的盘子中清除，而且还无可厚非。

这些电话反映的事实并不是什么异常情况。它们真实地反映了当今美国女性在社会地位上的优势以及她们对家庭生活的典型态度。自从格洛里亚·施坦内曼发表"女人需要男人就像鱼儿需要自行车一样"的看法以来，一代多的女人就开始愚蠢地听信这种能够带来毁灭性打击的胡言乱语，而且对男人、对婚姻、对家庭义务、对一个母亲应尽的责任都不当一回事，要知道，这一切将会对她自己造成多么大的伤害。正常健康的女人都渴望与自己梦中的男人相爱、结婚、生儿育女。然而，如果她们的母亲（更不用说社会本身）都告诉她们，她们不需要让男人开心，不需要生孩子，而且她们的孩子不需要亲生母亲来抚养（日托所会照看小孩），那么，许多女人就会因此失去用爱心、用亲情、用奉献、用怜爱、用忠诚去对待个人生活的能力和动机。殊不知，这一切都是给她们带来终生幸福和归宿感的源泉。

另一名听众桑亚引用《圣经》经文表达了她的看法：

一天结束在床上翻滚，闭上双眼，然后给他一个大大的拥抱。要记住，没有他，只是你一个人，就像某人在找一个理由不充足的借口一样，你会感到心虚，但是作为团队的一半，你会底气十足，坚强无比。

在《旧约·创世纪》中，上帝说："男人一个人不太好；我要给他造一个帮手附属于他……因此一个男人应该离开他自己的父母而和他的妻子生活在一起，他们应该合二为一、融为一体。"

与四十多年的女权主义所宣扬的观点相反，我认为，嫁给一个男人，为自己的婚姻关系感到自豪，为自己对婚姻和家庭所做出的努力和奉献感到高兴，从为人妻为人母的事务中感受到生活的快乐和充实，这并不是什么受压迫和受支配，也不是对女性生活质量追求的放弃。

你的心态完全可以改变你的生活质量，你对男人和男人需求的理解完全可以改变你的婚姻质量。

凯瑟琳又写道：

我告诉我丈夫你正在写的这本书，问他男人需要什么，他说："很简单，多做爱少埋怨。干吗要把问题变得那么复杂？"

事情虽然不是如此简单，但是凯瑟琳的丈夫半开玩笑的回答却一语道破了这样的事实：世界上只有女人才有力量决定她们男人的行为方式。按照《懂得体贴——魅力妻子对待丈夫的艺术》一书进行实施，这种力量一定会勃然迸发。

第一章 对丈夫不恰当的关爱和满足

听到你的书名，我只是付之一笑。我想：“这种书肯定不会好卖。哪个女人愿意买这种书呢？又有谁来关心我们男人呢？”男人愿意付出一切去得到的东西只有几样。我想，在尊严和爱情这两方面，绝大多数男人更想要的是尊严。他们愿意拥有一种权力在握的感觉。当我听到你告诉一位女性听众如何尊重她的丈夫时，我几乎都哭了。在这个世界上，在我们的婚姻里，充满了太多的自私。社会的繁荣使得女人们那么独立自主，因而也那么自私自利。我总仿佛觉得我是最后一个明白这种现状的男人——我的感觉最后被唤醒，我的需求最后产生。

——爱德格

在我的广播节目中，我没有一天没问过至少一名女性听众：她们是否希望维持婚姻，反省自己对丈夫的敌对抵触态度和轻视损毁行为。令人惊奇的是，当她们知道自己的丈夫对目前的一切承受到某种程度就会“调换频道”、弃她而去时，她们觉得非常奇怪。更令人惊奇的是，她们对自己丈夫的所欲所求是那么毫无感觉，同时对丈夫的任何反应——通常是合理的反应又感觉那么过分强烈。

在我准备写这一章的前一天，有一个这样的听众来到我的节目中。她是一个“基督教”徒，和一名“犹太”男人结婚一年，生有一个四个月大的儿子。结婚前，她承诺按照犹太生活方式抚养孩子。显然，即使这样，他们俩人都没有真正投入和信奉自己的宗教（因为，如果他们能做到这一点的话，他们就会跟一个和自己有共同信仰的人结婚）。圣诞节来了，她架起了圣诞树而且已经开始张罗复活节彩蛋。为了使自己违背诺言的这种行为合理化，她对我说：“我只是不想让孩子错过我儿时有过的对节日的快乐感受。”

在我提醒她的承诺和誓言后，她会问我什么样的问题呢？当然是：“我怎样才能让他停止在家来回走动愤怒不已呢？”她违背了自己的诺言就那么轻描淡写地带过去了，我想这其中的原因就是，大多数女人对她们自己的行为和他们丈夫的行为持有双重标准。女人改变了主意，男人必须接受；男人改变了主意，就是畜生。

一位男性听众给我写信诉说他对这种双重标准的极度沮丧之情。他悲伤地表示，女人必须明白，用那种只考虑女人自己所欲所求的双重标准去处理事情是多么令人沮丧。他有一种感觉，女人的任何需求和情感都是合情合理至关重要的，而男人的任何需求都是微不足道自私自利的。

我认为，从总体上来说他的说法是有道理的。到各种女性网上聊天室去看看，你就会发现有许多人为那些因鸡毛蒜皮的小事（“他不够健谈”、“我觉得他不太全面”、“我对他感到厌倦”或者“他不要我和我妈天天说话”等等）而抛弃男人、离开男人的女人摇旗呐喊。

我们在谈双重标准的时候也不要忘了房事。对性不感兴趣时，女人们希望自己的男人能够“理解”，但是当男人不理解或者自己不行时，有你好看的！

是什么导致了这种双重标准的心态呢？用一个“大”的词组表达就是：自我中心。那么，什么是自我中心的根源呢？我认为这是女权运动的结果。它把所有的雄性都贬斥为恶魔、蠢蛋和压迫者；它导致了离婚、日托、双份职业，以与人姘居和未婚先孕为荣等等现象，致使男人和女人在家庭中位置的颠倒、家庭的作用荡然无存。这些给女人们造成主要的、毁灭性的影响，使她们不能正确地认识到它们应该跟男人一样不断改善婚姻、担负起对家庭的责任。

结果是女人们一旦结婚就只会想到婚姻和丈夫能给她们带来什么，而不是她们能给丈夫做些什么。如果太不重视给予，吹毛求疵和斤斤计较就会损毁甚至葬送原本美满的一桩婚姻。

辛迪在电子邮件中谈到了“给予”和“行动”的问题：

> 我已经结婚十年，但一直在关心和满足丈夫方面存在很大问题。直到我的婚姻出现问题，我才明白为什么妈妈花那么多时间关心和满足爸爸。就在那时妈妈帮助我认识到了一个妻子应尽的责任。我们这一辈人（我现在三十多岁）成长在一个非常“自我”的文化中：如

果我们不高兴，谁也别想高兴。幸运的是，爸爸和妈妈教育我，为了过上幸福充实的生活你必须帮助他人、爱护他人、关心他人！虽然我小时候过着非常幸福的家庭生活，我从未意识到生活在婚姻中是那么真切。我非常简单地认为要么你有一个非常美好的婚姻，要么你没有——在某种程度上，你的努力并不能改进你的婚姻。

这其实是我的错误认识之一。另一个错误认识就是，我经常拿他和我爸爸比，认为他应该和我爸爸一样知识渊博。我经常抱怨他而不是鼓励他。我爸爸又给我讲男人的自尊是怎么回事。我听从爸爸的建议，总是鼓励丈夫，特别是为他加油打气。事情真的发生了巨大变化。

许多次我把事情弄砸之后，我妈总是劝我爱他。这听起来很简单，但是现在我算真正懂得了“爱”的含义。爱是一种对某人最深沉、最温柔、最热烈的情感；是一种对幸福最深切的向往。上帝赐予人类最珍贵的礼物，首先是生命然后就是爱。上帝为你创造了他。用你的全部身心去爱你的丈夫，对待他就像对待上帝赐予的礼物一样。

对有些人来说，把爱看做是一种礼物、一种行为、一种态度、一种承诺是一种新的启示和观念。遗憾的是，爱通常被看成是一种来自内心的、让你感到幸福的感觉；理所当然，当你觉得幸福的时候，你就会表现很好。但是从某种程度上来说，这种观念也包含着这样的信息，当你觉得不幸福时，你有权做得差点儿。更进一层的话，如果你觉得不幸福，你有权以某种形式、在某种地方和任何别的一个男人在一起。这种权利赋予感来源于这样一种文化观念：感觉高于义务、责任和承诺。

“我有权感到幸福，难道不对吗？”这种观点在我的听众中并不少见，她们往往为婚姻并没有把她们置于一种永恒的安定状态而感到伤感。这种对幸福的片面强调使她们心安理得背叛婚姻抛弃家庭，取而代之的是不良嗜好、酗酒吸毒、工作应酬，通过精神、物理治疗排解，或者向家庭和朋友进行发泄，或者和那些爱她们的人发生敌对抵触。

这并不是一个小问题。当婚姻受挫时，孩子也必将受到伤害，他们得到家庭幸福的能力和希望因此大大减小。我非常希望这一点能够引起许多女性听众的重视，因为她们总是有着太多不切实际的要求和极端不好的行为，认为解决家庭问题的惟一方法就是离婚。这样，她们不得不考虑两个问题。第一个是，处在离婚家庭的孩子无论现在还是将来都会感到痛苦不堪。第二个是，如果她们认为就像一条新裤子一样，另外一个男人能改变她们的生活，那么她们就大错特错了——因为在家里还是那条同样的裙子，还是那个女人！

我大肆鼓励她们去做她们抱怨自己的配偶不愿意和不能做的事情：变！我跟她们解释说，男人真的是非常简单的高级动物，如果你改变和他相处的个别方面，你就会发现他们也在像变戏法一样发生变化。我提醒她们，在行为没有发生改变之前没有必要改变目前的感觉。我要求她们在行为上表现出他们“真的”非常相爱：白天拨打一个充满爱意的电话，出门前来一个充满温情的吻别，在家待着也打扮得精精神神，有关家里的事情多问问他的意见，事情做得漂亮对他表示欣赏，一个拥抱、一顿美餐、一次搓背，下班后处理家庭开支或者修理水管之前给他一点独处的时间，睡觉的时候依偎在他怀抱……或者做一些更加有趣的事儿。

但是，女人们千篇一律地反对。事情并没有按照她们设想的去发展，她们为什么要表现那么好呢？听众克里福特写来电子邮件表明他的态度：

> 为什么现在的人都不甜蜜了？如果你的行为像瘪三，别人就会把你当瘪三对待。我妻子曾经出乎寻常地对我好，我就问她想要什么。她愤怒地对我说“我从来不会因为想得到什么而对某人好。那是拍马屁！”
>
> 那么，到底应该怎么做呢？把她们视为狗屎？男人照顾女人，女人就应该关爱她的男人！真有道理！

使我感到惊奇的是，当我打开自己的Web网站（www. drlaura. com）请听众们为我的这本书投稿时，我收到的是丈夫们纷至沓来的痛苦表露——没有太多的愤懑，只有痛苦。当得知她们的丈夫因为妻子的行为而处于痛苦之中时，许多女人感到非常惊讶。说句公道话，男人比女人更能克制更能忍耐。他们尽力显得坚强、扛起一切。在这一点上，我的理解绝对没错。这是对阳刚之气的准确描述，而它一直遭受来自女权文化的攻击，女权文化完全否定这种内在的坚强力量和不屈不挠的精神。假如真的没有这些和别的阳刚特性存在，西方文明的许多演变也不会发生。要知道，如果想在恶劣的环境中生存、奋斗和发展，自我控制和自我否定必不可少。我认为，如果能够锻炼和培养这些阳刚之气，男人和社会都会受益匪浅。无论如何，全盘否定阳刚之气的现实特征和宝贵价值对男人和男孩儿来说都是一件残酷的事情，更不用说是愚蠢的了，因为这就是对家庭和国家的蔑视。

对某些女人来说，男人不会像女人一样表露痛苦、伤害和绝望就意味着男人真的没有任何感觉。事实上，男人将这些独自咽下以普通的方式对待生活，而以特别的方式对待我们。女人不应该只凭男人的反应来度量或者理解男人的内心、灵魂、感觉和意图。女人可以哭可以倾诉；男人却不考虑自己的感觉只是尽力针对情况做点什么。我想，这正是女人认为男人是蹩脚的“女朋友”的原因，但是如果女人尊重男人的这些独特之处的话，男人会成为非常好的“搭档”帮助女人。有一位名叫雷的听众把自己评价为“沮丧失望的丈夫”：

> 我听过许多像我妻子一样的女人打来的电话。她们那种对丈夫应尽的责任感到嗤之以鼻的腔调真是耳熟能详。听着她们打来的电话，知道了自己就生活在那些女人所体现出来的淡漠之中，我感到莫大的痛苦。
>
> 我不敢描绘自己的沮丧和悲伤，这种全然的失望和痛楚毕竟是二十四年来被人忽视的结果。我不敢从公平的角度去看待为了挽救作为我们家庭基石的关系我付出过的努力，因为我们的关系反而成为了我肩上的一副重担。我也无法向你解释，如果有一位体贴周到善解人意的妻子，一个充满爱心具有教养的丈夫怎么会变成一个沮丧压抑的男人、一个动辄发怒脾气暴躁的生气包，直至成为一个灰心丧气的可怜虫。
>
> 我只知道你一定要写这本书。如果你能挽救哪怕是一个家庭，你也必须写这本书。

雷的悲伤并不只是他一个人有。太多的男人都生活在这种痛苦之中，在经过一切努力给妻子提供她们说为了对丈夫好而想要的东西之后，他们已经完全放弃了追求幸福的希望。

女人到底想要什么呢?

另外一名听众吉尔给我发来了下面这个有关“完美丈夫”的网上笑话：

一个新型的完美丈夫购物中心开业了，在这里女人可以从许多男人中挑选出完美丈夫。完美丈夫展示在五个楼层，每上一层楼，男人的优点就更多。惟一的规则就是，如果你打开了任何一个楼层的门你就得从那一个楼层挑选出一个男人，如果你上了一层楼你就不能再返回，除非你离开该店。于是，两三个女朋友到该店去寻找可以终身相许的男人。

一楼的指示牌上写着：“这些男人有着高收入的工作和可爱的孩子。”这几个女人读着牌子说：“嘿，真是太棒了……但是”她们又想知道再上一层楼是什么样的男人。

二楼的指示牌上写着：“这些男人有着高收入的工作、可爱的孩子和非常漂亮的外表。”“嗯”，女孩子们说，“还想知道再上一层楼是什么样儿呢?”

三楼的指示牌上写着：“这些男人有着高收入的工作、可爱的孩子和非常漂亮的外表，而且还会做家务。”“哇!”女孩子们说，“真是太诱人了……但是还上一层楼肯定有更好的!”

四楼的指示牌上写着：“这些男人有着高收入的工

作、可爱的孩子和非常漂亮的外表，而且还会做家务、床上功夫极棒。”“噢，天哪！想想看楼上又有什么样的在等着我们呢!?”女孩子们说。

于是，她们来到了第五层。

五楼的指示牌上写着：“本层用以证明女人是永远得不到满足的。”

呜。

下面是一个关于“我爱你……变成我的完美丈夫”的故事：

劳拉博士：尼奇，欢迎你参与我们的节目。

尼奇：我想知道什么时候合适介入我丈夫的生活，什么时候又不合适。

劳拉博士：为什么你非得在许多方面介入他的生活呢？你并不是像他应该值得你爱的那样爱他，是吗？

尼奇：我爱他这个人，但是有些事情，比如说举止方面，他从小就没有养成好习惯。他的父母是嬉皮士，让他放任自流。我遇见他的那次，我们一起过马路。那天我穿着高跟鞋正好又是隆冬，但是他竟然不帮我过马路。

劳拉博士：首先，在寒冷的冬季，你穿着高跟鞋不能正常地走路，你干吗还要穿着它到处跑呢？

尼奇：我们出去吃一个特别的晚餐。

劳拉博士：不管到哪儿去人们都要穿着舒适的鞋子。但是，你却穿了笨拙的鞋子而他又没有背你过马路。

尼奇：那么你对他如下的举止又怎么看呢？他到我父母家时把脸凑近食物，说："哇！闻起来真香！"

劳拉博士：我认为他是在夸奖和恭维。

尼奇：即使他把脸都搁在食物上了？

劳拉博士：那么，他还怎样做才能闻得到呢？

尼奇：我也不知道……

劳拉博士：尼奇，如果你为他感到羞耻，休了他。如果你为他感到难堪，随他去。

尼奇：我并不为他感到羞耻和难堪。人无完人。我全身心地爱着她。那么，他总是精心计划吃得更好，你又怎么看呢？

劳拉博士：尼奇，另外找一个男人吧。不要把这个男人整死了。我真的感到很悲哀，你选择了一个男人说你全身心地爱着他，但是你又不停地指出你对他完全不满意。这是一种侮辱，不是爱。如果你想找一个专门攻读和练习举止的疯子，你就找一个吧。如果女人在男人身上设计一个模型，然后按照这个理想男人和完美丈夫的模型去重新塑造男人，男人一定会感到闷闷不乐、意志消沉。

尼奇：是这么回事儿。

劳拉博士：这样做不会让他们对自己感觉更好。

尼奇：是的，我那样做的时候，他对自己的感觉糟透了。

劳拉博士：那么你知道你对他有多么残酷了吗？你知道他要一直按照你的标准去做有多难吗？

尼奇：是的。他几乎没有什么自尊，他只是在一味地忍受着。

劳拉博士：你要和一个男人形成这种状况，其中必有原因。我不知道是什么，也许这样你会有一种优越感。

尼奇：我敢肯定这是问题的部分原因。

噢。这是个常见的问题，特别是在那些受女权运动消极面熏陶和影响过深的女人身上更加常见——因为女权运动主张社会和男人都应该受到压迫，他们是敌人，女人不要屈服，要么和他们断绝关系要么征服他们。而事实上，男人又非常容易被女人对他们的否定所左右。正如我在前面指出的，因为男人是简单的高级动物，由女人生育、由女人抚养、由女人带大，他们渴望来自女人的持续关爱、崇拜和认可。女人的心理状态、所欲所求、勃然大怒、严厉批评、失望不满和拒绝都会使男人变得脆弱。

女人必须更正确地看待自己可以对男人行使的权力和造成的影响，千万不要误用或者滥用。女士们，否则你会过得不开心。

一个妻子误用自己对丈夫的权力最典型的方式就是气急败坏、大为失望。我的一名听众米歇尔把这表达得淋漓尽致：

我和丈夫结婚十年。我们刚结婚，我就开始看肥皂剧。我希望丈夫就像肥皂剧中主角对待他的情人那样对待我——当然不含任何虚假成分。我一不高兴就责怪丈夫。如果我不高兴的话，我希望他放下手中的一切逗我开心。如果他带我出去吃饭，我会因为他没给我买花而感觉受到了冷落。我的朋友们也都认为我受到了冷落，不应该为他洗臭袜子。我觉得很可怜，他也觉得很委屈。

我到一个宗教性质的女性疗养地上了有关婚姻方面的课。上帝向我显示了我是多么自私。我知道了幸福完全靠自己去创造，而不能依赖于丈夫。我懂得了朋友不应该是我对婚姻感到沮丧时的共鸣者和附和者，因为她们总是怂恿我与丈夫对抗。

我发现我大多数的所谓痛苦都是出于私心和毫无道理的。我充满爱意地对丈夫讲述了那些不自私的想法，而且我不再抱怨丈夫。我变得很有耐心，丈夫果真和我言归于好。

我承认，许多女人极力用媒体宣扬的或者朋友告诉她们的标准，而不是根据丈夫自身出色的行为去衡量丈夫的爱，她们确实是犯糊涂了。一位听众写信告诉我，情人节那天她做好了一切准备等待意外的惊喜。听完浪漫的音乐和朋友们讲述有关情人节那天她们的丈夫为她们做出的意想不到的事情，她也开始盼望就在情人节那天丈夫以类似的隆重的方式向她说出他的一切感受。但是在接下来的五个情人节里，她彻底失望了。不足为奇的是，在情人节之后的好几个星期里她用行动对丈夫表示了她的失望——她丈夫还莫名其妙。

最后，她终于表达了她的不满。他反驳她说："我一年365天都在表达我对你的爱，但是如果这一天没做好，其他时间所做的都毫无意义了?"她感到全身一颤，因为她知道他是对的。她想起了他给她送花却又吞吞吐吐说不出理由，给她惊喜；想起了他带她进行晚间旅行，给她惊喜；想起了在厨房他一把抓住她向她倾诉他爱她的一切理由。

她认识到丈夫是在真诚地爱着她。一味强迫他用语言表达他的爱而忽略他用行动表达的爱，这是多么自私和残酷。她写道：

> 我想如果女人们停下来仔细观察，她们会发现丈夫并没有停止向她们献殷勤，只不过是通过不同的方式用行动在表达殷勤。也许是当小孩儿哭闹时他先一步起床；也许是他们自己刷洗碗盆，而让她休息；也许是做一顿特别的饭菜。如果我们没有意识到并认可丈夫向我们表达他们爱我们的这些更加微妙的方式，就等于我们剥夺了自己和他们之间的沟通。如果他们的努力长期被忽视，他们最终将会停止，难道这是偶然的结果吗？

我记起了一个死了丈夫的女人给我们的广播节目发来的传真。她发表看法说，她看见许多朋友总是为婚姻里出现的一些蠢事抱怨和悲伤。她把原因归咎于这些女人根本没有意识到生活里出现一些小问题是多么幸运，她们有人可以去爱护去操心是多么幸福。一句话，对她们所拥有的，她们缺乏一颗感恩的心。

一个名叫凯的听众给我发来电子邮件表达她对感恩的觉醒：

> 劳拉博士，我敢说我在广播里听到你所说的一切时，我生命中的一个重要转折点出现了。你听着一些女人对芝麻小事吹毛求疵大发牢骚，然后问她：“是你丈夫在支撑着这个家吗？你的孩子们都健康吗？你和他们一起待在家里吗？”等等问题。她对所有问题的回答都

是“是”。然后你对她说：“那么停止抱怨！你已经忘了要心存感激。”

就在那时，我仿佛感到上帝扯着我的肩膀对我说：“喂！这个人就是你，白痴！”也就在那时，在汽车里，我开始为我的丈夫为他所拥有的一切优良品质感谢上帝。自那以后，我开始有意识地花工夫做好下列事情：

- 每天感谢上帝赐给了我这么好的一个男人，提到我所要感谢的、他拥有的具体品质。
- 每天找出办法成为丈夫的恩物（尽量想到什么能使他开心，满足他的需要等等）。
- 记下自己的月经周期，提醒自己在月经前期综合征那几天我的感觉是不真实的，因此要闭上嘴巴让事情过去。
- 避免看书籍、杂志和电视节目里所描述的有关婚姻、家庭和丈夫的既定状态，有意识地做出努力感激现在已有的一切而不是想尽力去改变周围的人。
- 保持健康愉快的情感：随遇而安，不要过分依赖然后怨天尤人，与能给自己带来积极影响的朋友进行交往。
- 把精力集中放在营造家庭上，记住这就是我的最高境界和责任，而且它拥有永恒的价值。我像这样做得越多，就越感到幸福和满足。

收到这样的来信真令人兴奋，这充分显示了态度上的一个转变，良好行动的一次付出是怎样带给人如此深层、如此丰厚的快乐。

在广播节目里，我花了数小时的时间努力帮助人们不去理会那些极具煽动力却不怀好意的观点，因为他们宣扬：那些结婚后带着孩子待在家里的女人即使把她们的潜能最大化，从某种程度上来说也算不上是真正的女人；他们还宣扬男人都是白痴，是以自我为中心的性伙伴，并不能为自己的女人和孩子创造任何有价值的东西。

第二章
白兔综合征

每一天结束……放松。随心所欲吧；不管你是否担忧明天依然来到——所以，随心所欲吧。即使孩子看见，还是让我们互相亲吻。他们也需要。

苏珊娜

“我迟到了，我迟到了，一个非常重要的约会。没时间……”这是刘易斯·卡罗尔写的《爱丽斯漫游仙境记》中爱丽斯找白兔帮忙时白兔回敬的一句话。令人伤心的是，这也是许多妻子在丈夫急切想亲热时经常回敬丈夫的话语。令人震惊！

我的一名听众玛丽写信给我详细描述了她陷入白兔这种窘境的过程：

在有关关心和满足丈夫方面我给妻子们提出的最好建议就是：随时留出时间和他在一起。我知道妻子和妈妈们都非常非常忙。我不知道自己怎么会在这些看足球、打棒球、参加童子军活动、上钢琴课等活动中游刃有余的——更不用说做饭洗衣、不时地到杂货店采购，带宠物看兽医。我不知道我是怎么忙过来的。

接下来她讲了一个发生在一个特别的日子里的故事。这一天跟其他任何一天一样排满了活动和事务，但是它又是不同寻常的一天，这一天是她丈夫的生日。她居然把它给忘了。没买蛋糕、没赠礼物、没送卡片。她整个儿就没想起这回事儿。当他妈妈像往年他过生日一样送来今年的格子衬衫并毫不知情地问她是否吃蛋糕来晚了时，她才意识到那天是丈夫的生日。

甚至孩子们都生她的气了。她丈夫又是怎么做的呢？当她难堪、伤心得大哭起来的时候，他反而安慰她！

这是一个一周五天从早上七点工作到晚上七点，星期六为了让我和孩子们待在家里还从早上七点工作到晚上十二点的男人。他真的应该得到更好的回报。

那天晚上，她平常很少“插手管事”的婆婆对她说，她应该更好地关心那个她已经决心和他一起度过下半辈子的人，要不然当孩子们都长大成人另起锅灶时，她会生活得很孤独。

当然，我婆婆说得千真万确。我被日常琐事缠得脱不开身，顾不上关心那个一直在照顾我的好男人。我开始把他列在我心中更高的位置，突然我觉得自己是一个真正的妻子了，而不是一个疲于奔命的妈妈。

就在第二天，我开始在他的午餐饭盒里放入一封短短的情书。中午，我接到了他在读信时打来的电话。当孩子们各忙各的去了，我们开始在餐桌上交换会心的微笑。逐渐开始了解我自己选择的这个好男人，感觉真好！

任何婚姻都会有起起伏伏，但是如果你首先能够谨记结婚的理由，你就不会失败。

如果从这个小故事中我们得出的惟一结论就是，做妻子的现在有了更多可以关心或者烦躁不安的事情，那么我们就漏掉了一些更重要的方面。比如说，玛丽所追求的结果就是更多的快乐和更多的宁静。与丈夫进行充满柔情蜜意、殷勤关怀而且含有嬉戏的沟通可以减轻压力，因为这样，一份快乐就变成了两份快乐。当许多女人抱怨自己被丈夫的要求耗得灯干油尽，当许多女人憎恨自己的丈夫提出要求，当许多女人认为自己是在遭受生活的摧残时，她们看不到这一点。

我要讲的下一个观点就是，生活是由许多选择组成的。除非你的房子被闪电击垮（显然这是你所不能控制的），像房子由建筑砖块组成一样，你的生活就是由你的选择构成的，不管选择是好是坏。但是，坏的选择（以自我为中心的、目光短浅的、不够成熟的或者是非常愚蠢的选择）给你的婚姻会带来不好的后果。

一天里，我们只有有限的几个小时做有限的几件事情而且还要做好。所以我们必须要有轻重缓急和优先选择。如果没有优先选择的话——它是指按照事情的重要程度（什么是必须的，什么是机动的）正式地或非正式地列单排序——重要的事情很可能就会被遗漏在你的清单之外。优先选择只是一个权宜之计而不是长期计划。

听众鲁克写信给我谈到了他在节目里听到的一个电话，正是这个电话改变了他目前的行为。那个打来电话的女人问她能对丈夫做些什么，因为丈夫感到他不是她生命中的第一号优先选择。我连忙对她说，她必须要使丈夫成为第一号优先选择，否则，她的婚姻誓言从根本上来说是空洞无物的。当然，她表示反对，抱怨自己已经被过多的要求压得喘不过气，而且这已经使她的生活越来越难。我发表看法说这是一个多么以自我为中心的观点，而且建议她换位思考接受她的行为的人是什么感受。

听完这些之后，鲁克写道：

结了婚然后又不与配偶分享婚姻的快乐，我想这简直就是疯了。我和妻子结婚还不到一年，但是我感到了我们婚姻的真正快乐。

由于怀抱这样的感觉，我开始反思我在周末又拥有了什么，你不会猜到：我以正在为大学期末考试学习和为高中教学工作备课为借口，竟然差点儿就忘记了我们的“星期五约会夜”。幸好，我回家时妻子还没有下班，于是我赶快拿出书本尽力往前多看一点。当她一进门，我就拥抱她告诉她我一切准备就绪，因为那天晚上我们要到城里去潇洒一回。

鲁克承认，她曾经并没有把妻子排在优先选择之列——所以还不到一年他就变成了一个傻瓜。过去他觉得他的优先选择很有道理，因为他含含糊糊地认为如果他有更多的时间他会把妻子排在第一位，现在他终于明白了。在信的结尾，他感谢我给他上了深刻的一课，让他明白了任何人都难免出现偶尔的、目光短浅的和错误的思维逻辑。

再看看这个逻辑中对我们来说非常重要的东西：如果他有更多的时间，他就会把妻子放在第一位。这是什么意思呢？那也就是说只有清单上没有任何别的东西的时候，她才会排在第一位。那么，这个时候什么时候会来到呢？

听众朱丽叶讲述的有关为丈夫“做”点儿什么的真实故事真的适用于所有的妻子：

即使我一天工作时间也很长，我也会顺便买一些熟食的三明治，一份汤和一些香菜。在为丈夫准备一个“晚上惊喜”的同时，我工作中的压力也奇怪地消失了，因为我在想着另外一个人。

回到家，我把三明治切成三角形，插上一些漂亮的牙签，把汤倒入碗中并加点儿调料，把桌子摆好，然后等在门口用一个深深的亲吻和紧紧的拥抱迎接他的归来。

做好这一切要花多长时间呢？五分钟。我们俩又获得了多少呢？我获得了一个跟他小声说“我们是一个团队，我支持你”的机会；他也感觉很好，因为我额外花时间做了一件非常简单只有对他来说才漂亮的事情。

到底有多漂亮呢？为了有一个良好的感觉，她甚至不必等待得到他的感激；她就因为给予了而感觉良好。而且她可以控制这个良好的感觉。懂了吗？

遗憾的是，太多的女人并没有把婚姻看做是满足和成功的源泉，而是受别人影响认为事业才是满足和成功的源泉。电话来访者苏珊娜今年四十三岁，结婚二十多年了。她真实地表述了因丈夫想多和她在一起而对丈夫产生的敌对和抵触情绪。

苏珊娜：你好，劳拉博士。我是一个房地产经纪人，这是个毫无效益的职业。我从事这一行已经五年了。我的事业刚刚小有成就，可是上个周末我的丈夫给我发出了最后的通牒，要么辞去工作要么离婚。

劳拉博士：为什么呢？

苏珊娜：（笑着说）因为他觉得在周末和晚上受到了冷落。

劳拉博士：如果在晚上或者周末他冷落了你，你会有什么样的感受呢？你不会在女人堆里埋怨这个吗？每次我和一群女人去看电影，她们都会对自己的男人全身心扑在工作或者别的事情上而且又不关心她们而大发牢骚。所以，当我们这样对待他们时，这叫……什么？

苏珊娜：是啊，我感觉到现在这一步，是自己罪有应得。

劳拉博士：他感觉挣得了一个已婚男人的尊严。

苏珊娜：我跟随他到国外待了五年。

劳拉博士：但是，你这是在对你自己同意做的事情进行险恶的报复。我不敢想像跟一个我晚上和周末都见不到的人结婚是什么样子。苏珊娜，你很可能要面临离婚。因为你传递给他的信息是，比起和他结婚，做一个房地产经纪人对你来说更重要。他已经警告过你。我敢说你真是个笨女人。凭你所拥有的专长、知识和天赋，你完全可以在上班时间处理具有挑战性的工作，把晚上和周末腾给家庭。如果家庭对你来说无所谓，你就会失去家庭。我认为你的男人并没有提出任何不合理的要求。这么多年过去了，你也胡闹这么久了，他还爱着你还想做你的男人。你都四十三岁了，还有多少个男人会这样对你呢？亲爱的。

我不明白为什么妻子会认为丈夫想和他在一起是件坏事呢？他们已经结婚二十多年，丈夫仍然想和他在一起？这真是了不起的恭维！

这并不是一件丈夫想控制她的事情。这是一件丈夫想和她一起过日子的事情。她没有及时看到这一点，多令人伤心哪！

这种心态是女权运动丑恶一面的反映，因为它把个人的成功、收获、成就、权力以及女权主义者的政治议程看得高于爱情、婚姻和家庭。当布什总统的法律顾问卡伦·休斯决定退休搬回得克萨斯州和家人团聚时，许多女权主义发言人之类的人指责她出卖了女人。嗯……“选择”到底怎么啦？

休斯女士和无数的女人都选择了放弃她们的“全耗”型事业。为什么呢？主要因为女权主义者大喊“包揽全部”的口号，给女人们带来了许许多多的压力。她们需要无限的时间处理工作，她们为确确实实忽略了孩子感到内疚，她们渴望更多的家庭天伦之乐。事实上，还有一种更新的综合征可以描写上班族妈妈们。这种症状叫做“匆忙女人综合征”，是医疗社区的一些人造出来的术语，因为他们听过女人们抱怨自己忙碌的生活方式。

该综合征通常表现为下列症状：体重增加、性欲减退、情绪化、易疲劳——而所有这些都归根于来自以下各方面的压力：把过多的事情揽在手中、没有能力赶上事情发展的速度、对每一件事情都感到没有成就感、憎恨任何一个对她抱有期望的人（比如说丈夫和孩子），最后感到沮丧和抵触。

听众雪莱尔给我发来一个信息，阐述了这种症状并加上了自己的看法：

> 在这个到处都是“包揽一切妈妈”的世界里，医疗团体为女人们确诊了一种新的“疾病”，这不足为奇，因为这些妈妈们有很小的孩子、有工作，还有孩子们所能够想像的一切活动。那么医疗团体又打算怎样“治疗”这种新的疾病呢？这确实是个值得考虑的事情。

那么多年轻女人写信给我讲述她们糟糕的经历，她们是怎么被迫片面地看待生活的，这种片面又是怎么导致她们将家庭和婚姻的价值在她们的灵魂深处和精神上最小化的，她们又是怎么在社会和朋友们的影响下甚至在自己家庭的压力下把对经济利益的追求最大化的。她们告诉我，如果她们想自己带孩子（而不是请保姆或者钟点工），或者只走出家庭干一份兼职工作（而不是在经济实力上和丈夫平等），哪怕是渴望结婚（而不是和人同居，独立生孩子），别人就会让她们觉得自己愚蠢和软弱。

这些女人告诉我她们的妈妈或者公婆怎样挖苦她们懒惰，待在家里带孩子而不去工作；她们的女朋友们怎样因为她们想结婚照看自己的男人而瞧不起她们；她们跟我说她们在左右邻舍之间感到孤独，因为没有几个人赞同她们以家庭为重的价值观。

那么现在的情况是，选择全身心投入家庭的女人微乎其微，选择“包揽一切”的女人最后得上了“匆忙女人综合征”。一般来说，患有“匆忙女人综合征”的女人对她们的孩子和丈夫都不好。为什么呢？因为当你被必须要完成（否则你会被炒鱿鱼）的工作累得筋疲力尽、喘不过气来的时候，你恨不得给任何其他人（甚至是街上来往的陌生人）都来点颜色看看；因为你没有任何别的可以给予的东西。

我想起了一个正好属于这种情况的女人，那是我在进行个人学习的时候碰到的。她结了婚，有一个正处于青春期的儿子。那天，她穿着得体的商务套装、擦得锃亮的平跟鞋，夹着一个非常破旧的扁平小公务箱来上辅导课。她气冲冲地走着，当她下班回家刚进门时，丈夫竟胆敢要她腾出单独的时间和她谈话！她正在大发脾气。

“难道他不会尊重人吗？”她怒火中烧地说道，“难道他不明白一天下来我有多累、我再不想接受任何要求吗？”

我静静地看了她一会儿，然后尽量压低嗓门对她说：“第一个问题的答案是‘是’，第二个问题的答案是‘不’。”

她瞪着我看了好长好长时间，然后又开始抱怨她丈夫的毫不体贴和自私自利。

我又一次静静地看了她一会儿，然后尽量压低嗓门对她说："他毫不体贴和自私自利吗？"

她坐下开始大哭起来。

许多结婚又有小孩的女人疲于奔命直到把身体搞垮、把脾气搞坏。问题不是在于丈夫和孩子们提出要求；问题在于她们对充实生活的理解。"包揽一切"的观念实际上是在把人们变成"什么都懂什么都不精的万事通"。同时它也是一个让人留恋职场的陷阱。如果你的工作压力大又耗时耗力，如果你的时间有限、脾气不好，内疚会驱使你更多地为孩子着想以"补偿"对他们的忽视和不公。然后，你就会疯狂地给孩子安排大量的课外活动，这样不但让家长也让孩子感到绷得太紧、压力重重。快餐开始取代健康、营养、快乐、亲密的家庭主餐，导致家人之间的冷漠和疏远，因为他们都在"各主其事"。

由于丈夫是成人，要么他自己管自己，要么当他希望拥有充满着爱的家庭生活时会被当作讨厌鬼受到指责。

我接到太多太多女人打来的抱怨电话，抱怨她们的丈夫对一个"疲惫不堪"几乎快神经失常的女人提出不合理、自私自利、不善解人意、令人讨厌的要求！噢，天哪！

四十六岁的提娜和五十六岁的丈夫杰里一起打来电话进行讨论。首先，杰里提纲挈领地介绍了他们有关一桩婚姻里应该有多少次做爱的争论：

杰里：我认为，为了让我们之间有一个良好健康的关系，每周至少做爱三次，我应该没什么错。可她认为每两周或三周做爱一次或两次是一种健康的关系。我就说我们得打电话给劳拉博士，因为她肯定知道什么是健康的什么不是健康的。

劳拉博士：谢谢你的支持。提娜，你听到了杰里所说的。他对这个问题的表述合理吗？

提娜：合理，合理，差不多是这么回事儿。

劳拉博士：你曾经有比现在更喜欢做爱的时候吗？

提娜：嗯，并不是我不喜欢做爱。我和杰里刚结婚那会儿，我们做爱很多。

劳拉博士：但是现在怎么啦？是不是觉得厌倦了？

提娜：也许有点儿厌倦。但是，更重要的是，我非常疲倦。

劳拉博士：提娜，这是一个不公正的借口。使你自己保持健康舒适因而可以和丈夫厮守，这是你应尽的义务。你不能每天口口声声说自己"累死了"，而要丈夫接受这样的观点：他生活中这个重要的、充满柔情蜜意的部分就是由你一时的兴致来控制的。你有义务不要总是太累。所以，你要小睡一会儿、吃更多的蛋白质、坚持吃维生素。如果你总是"太累"，会给他造成什么影响呢？如果他说"我太累了不想再工作了"，你感受如何呢？你们双方对彼此都要尽到义务，其中一个不应该总是太累。这是一个不能被人接受的借口。那么我问你，做爱已经变得乏味，你做了些什么进行调剂呢？

提娜：（有点儿不屑一顾的味道）我做了些什么？

劳拉博士：是的，提娜。你做了些什么进行调剂？

提娜：为什么一定是我要做些什么呢？

劳拉博士（震惊地）：因为你是做爱的两个人其中

的一个。

提娜：嗯，有时候我点蜡烛，但是我所抱怨的是，在上班时间我们俩都有高强度的工作要做。

劳拉博士：提娜，你丈夫可没有抱怨他的高强度的工作使他忽视你冷落你。任何女人如果允许她自己把时间花在别的事情上，妨碍她与丈夫之间的爱情和亲密，这就像一个傻瓜所做出的行为。你的日程安排太紧了，应该改变改变。你对婚姻之外的事情承诺太多了。这使得你对两人世界的亲密产生了反感和消极的态度，要知道这种亲密可以给你带来多么大的快乐和幸福。同时，男人也需要在做爱方面从女人那里获得赞许、接受和爱慕。

提娜：是啊。

劳拉博士：所以呢，那是你的义务。不要把自己整个儿都耗在了工作上。

提娜：（笑着说）是的，我把自己耗在了办公室……

劳拉博士：（笑着说）你嫁给他是因为你爱他，想要他过得幸福。

提娜：是的。

劳拉博士：而且我还没听到过太多女人说她们在和丈夫做爱达到性高潮时，感觉不幸福。性高潮会使你脸上绽开由衷的微笑……消除许多紧张。

事实确实如此。如果你认为生命中最重要的事情就是扮演工蚁的角色，你很可能在大部分时候会感到疲倦，而且你会讨厌那些你应该对丈夫和孩子尽到的义务——令人哭笑不得的是，正是这些义务可以第一个把你从极度疲劳的感觉中拯救出来。在工作中，你并不会那么从心底被人怜爱、被人爱慕、被人需要。看看那些激烈竞争产生的阴谋和下岗人员，看看车间里出现的那些替代人工的智能化和机械化装置，你就会大彻大悟。要知道，你是孩子眼中的女神，丈夫眼中的女皇。让我们好好想想。避开薪水支票问题不谈，我们选择哪种方式得到的回报更多、更能使生活变得滋润呢？

下面我来把有些事情讲得更透彻一点。我并不是主张结婚女人不应该工作，也并不是说没有一个有效的方式能够使人在家庭之外发挥个人创造力和特殊天赋。显然，我就有电台和写作这两份事业。我也是刚刚启航。我喜欢具有挑战性的和服务性的工作。但是从第一天起，我就对每一个人特别是我的丈夫和孩子讲得非常清楚，如果有任何事情妨碍了家庭，那么这个事情必须要调整或者取消。一个就是，一天——更不用说一周——非常疲劳充满压力；另一个就是，对外活动（不管它看起来有多么重要）妨碍我们的日常生活，阻挡我们履行应尽的义务，而这些义务是我们神圣的誓言、道德的约束和爱情所赋予我们的。

听众卡罗琳学了这些之后获得了精神上的慰藉和幸福：

> 一天，辛辛苦苦工作一天后回到家里，我开始做饭、搞卫生、给孩子洗澡、执行丈夫的吩咐，然后我对丈夫说我累得筋疲力尽了，他就要我辞去工作。他是当真的。他不喜欢看到我累得筋疲力尽而想找个人看管孩子，不喜欢看到我没有足够的时间去完成一个妻子/妈妈应该完成的任务。
>
> 我做出辞掉工作的决定不仅仅是为了孩子，而且也

是为了支持我工作得非常辛苦的丈夫。现在周一到周五每顿饭我都自己做，而不是把食物放在微波炉里热一热就完事儿或者到某个快餐店去吃一顿。过去我经常问丈夫："我以前是怎么过来的？做全职工作、参加孩子的运动会、到教堂做礼拜、处理私人的事情，等等等等。"我丈夫回答说："你什么也没做。"

抱有很深偏见的媒体对"透支女人"问题采取的方法就是变本加厉地谴责男人在家里懒懒散散——让自己的妻子承担家中主要的家务重活，搞卫生啦，做饭啦，带孩子啦，等等。首先，这样说是不符合事实的——男人一直在，而且已经为女人分担责任摆脱困境。我知道，正是"摆脱困境"这个词就可以使许多女性主义者勃然大怒。但是，那是因为她们不认为男女有别，有不同的气质、需求、观点、生理和心理；她们看到的是一个两性合一的世界。然而这个世界只是存在于她们幼稚的想像中。在真实的人类世界里，女人在亲和、持家和养育方面有着独特的强烈欲望；男人却在保护、供养和支配方面有着独特的强烈欲望。但是这并不意味着男人就不会养育孩子，女人就不会爬山，这只是说明男人和女人在体质和气质上的个体差异是不一样的。只有当这些差异得到正视和尊重甚至是享受，而不是受到否定和轻视的时候，最大的默契、和睦与相容才会出现。

许多具有天才、非同凡响的女人已经认识到一旦她们的双脚牢牢地扎根家庭，她们的创造力就拥有了可以从此腾飞的宽松的空间。在我写这一页的前一天，我收到了神秘作家凯瑟琳·安特利姆最新出版的一本小说和一封信。下面是她的小说《死罪》中录入的信件中的一部分内容：

我感觉我刚从劳拉博士的生活学校毕业出来。我和丈夫已经决定，我们有了孩子后我就待在家里，和他们在一起。所以，我们有了第一个孩子后，我就辞去了销售和营销的工作。我坚定地相信你一定能把孩子和家庭放在首位，而且还同样能去实现你的梦想！我自己就是一个很好的证明。

但是有一点要注意。一个妻子的双脚很可能在家庭的一个方面扎根太牢。有一名叫琳达的听众对这个问题毫不避讳：

经过三次失败以后，在有关呵护和满足丈夫方面我懂得了最重要的一点就是，当上帝在《创世纪》中说"抛弃所有其他的人"时，他很清楚自己在说什么。我们女人却忘记了这一点，特别是孩子们出世后。我和孩子他爸结婚十七年却对这种需求浑然不知。我们很少俩人单独到哪里去，而且我完全忽视了他的这种需求。我总是把孩子和他们的需求放在第一位。我从来没有把他放在第一位。

无数男人写信告诉我孩子出生后他们受到忽视的痛苦。一旦他们的妻子变成了妈妈，她们就再也没有时间当妻子了。男人们甚至还要恭维他们的妻子是伟大的母亲，但是也表达了他们没有人爱、没有人体贴、没有人想和他做爱的巨大痛苦。当丈夫就这个问题质问一名妻子时，她做出了一个具有代表性的回答："我只有时间照看一个人而那个人就是我的孩子。我对你已经感到太累了。”

这就把爸爸们置于了一个尴尬难堪的境地，给人感觉他们在和孩子竞争、他们憎恨孩子，实际上他们是那么爱孩子。他们怀念过去常和妻子在一起时的恩爱、陪伴和做爱。他们感觉自己被抛至一边、被人拒绝，变得不再重要。

然后，一旦这种局面形成，妻子们就会理所当然地打电话给我抱怨她们的丈夫不肯付出、不肯做她们想要他们做的事情。别开玩笑了。

下面就是一个这样的、名叫琳的女人打来的电话：

琳：我有一个二十二个月大的女儿，我是她百分之百的妈妈。母亲节那天，我丈夫没为我做任何事情——连一张卡片都没有，什么也没有。所以我感到非常委屈和愤恨。

劳拉博士：他为什么要生气呢？

琳：我也不知道。

劳拉博士：那你猜是什么原因呢？

琳：昨天晚上我问了他，也许他觉得他没有得到足够的重视，也许我把太多的精力放在了女儿身上，但是……

劳拉博士：换句话说，你忽视了他，他就没兴趣让你开心。姑奶奶，这是件非常简单的事情。有些女人有了孩子后就变得非常自我中心。她们开始认为她们的宝宝就是宇宙的中心，她们的丈夫就必须像天王星一样悬挂在外，围绕着她们不停地旋转，不管他们是凯旋而归还是两手空空。这样是行不通的。一旦人们感到被人拒绝，他们就会感到和人疏远。具体到男人来说，这样就会使他们没有任何想法对妻子罗曼蒂克。

琳：连情人节都没任何表示，使我很难做到依偎在他身旁。

劳拉博士：这是你忽视他的后果。

琳：是啊。

劳拉博士：不要因为没收到小小礼物就对丈夫趾高气扬，把这当成一个警告。如果你想要他把你当成他自己的女人对待的话，你最好把他当成你心爱的男人来对待。生了孩子并不意味着你就有权利忽视你的男人。而且很可能你们约会时，你没有把百分之十的注意力集中到他身上。

琳：也许没有。那么，必须是由我来打破这个既定的模式了？这不正是你要说的吗？

劳拉博士：你是惟一有权利打破这个既定模式的人。

然后她又感到非常烦恼，如果她打破了既定模式返回到从前一样对丈夫充满体贴和重视，丈夫很可能不会改变对她的态度和行为，这样可能会伤她的心。但是事实上，如果女人真的对男人好的话，男人会原谅女人的一切。他们绝不会像女人那样狭隘小气、固执己见。记住，男人是非常简单的动物而且依赖妻子的接受、认可和恩爱。如果我们将这三个A（Acceptance，Approval，Affection）重新给予他们，他们就会觉得世界无限美好。

另一个听众科尼对我写信说，她的字典里从来没有出现过“我太忙于孩子而没有时间爱我的男人了”这样的借口。她说，她的一个男性朋友结了婚二十五年后和“完美妻子”

离了婚，他向她敬告忠言，要她总是让自己的丈夫觉得他是他生命中最重要的人。

他详细描述了那位朋友是怎么抱怨的：“当我下班回来，他们都太忙，没有人注意……”

有一位名叫肯的听众指出，许多妻子都有一个盲点；那就是：“一旦她们成为了妈妈，她们就会落于俗套成为丈夫眼中的第二个妈妈。”这种“第二个妈妈”的心态包含“看起来像”和“听起来像”一个暴怒的妈妈这两种情况。肯继续说：

> 她们总是穿着“妈妈装”到处跑，而不像过去陪“孩子他爸”出去钓鱼时收拾打扮。这种持续的视觉效果使男人敬而远之，把男人推向它处。许多妻子们不仅大部分时间看起来像妈妈，她们在家里出现的时候也经常是一种“妈妈样”：大声咆哮、发号施令、指挥方向，敲打着家庭的战鼓。这一切纵然不错，但是她们却忘了自己应该还要保持妻子的模样、女人的味道、情侣的情调以及在和丈夫私下相处时伴侣的姿态。

女人长期抱怨男人把工作放在公文包里或者放在脑海里带回家。同样，女人必须引起警觉，在充满挑战和疲惫的一天的最后时光，当她们和“自己的男人”又一次融合时，不要受到家庭琐事的影响和干扰。

我经常听到许多新女权分子愤怒地抱怨，社会（实际上是指男人）总是希望女人们有一个轻巧的身材和完美的体型：没有脂肪、没有皱纹，并且没有白头发。说实话，这种情况对某些虚伪的男人来说确实是事实。但是对大多数男人来说，仪态、举止和风度要远比皮肤重要。如果一个妻子举止性感、穿着迷人、含情脉脉，抚摸丈夫和他耳鬓厮磨，传递她的兴趣、她的爱意、她的尊重和她的魅力，那么她的男人肯定会对她百依百顺、为家庭赴汤蹈火。相反，如果她总是忙于鞭策丈夫，把他塑造成她心目中的模样，她完全忘记了要成为他的伴侣、他的情人和他的女人，那么他就会忘了情人节、周年纪念日和她的生日。这并不难理解，不是吗？

听众伊万承认这是现实：

> 我妻子总觉得，如果她不反反复复提醒我，我就不会去做某某事。但是事实是，这样让我觉得自己好像一个小孩儿，妈咪要进行检查。这简直是对人的贬低。我想受人崇拜，我想得到承认：我是养家糊口的功臣，我在确保家里每一个人都得到关爱。当我感觉自己是她的英雄时，那是我最大的快乐。真正像她的“男人”，而不是她的男孩。

有一个听众打电话到我们节目中，带着讥讽的口吻说：“我妈妈总是对我说：‘你必须先有丈夫然后才有孩子——千万不要忘了！’”

有时候妻子把自己的兴趣太集中在对家庭的义务上，就会对丈夫的需求和她应为丈夫尽到的义务视而不见，我们不能对这种情况渲染太多。我想如果大多数女人心中有一种基本假设的话，那就是她们的丈夫应该天经地义地服务于她们，她们的丈夫所提出的一切要求都是自私自利、不合情理的。当我告诉打来电话的女性参与者在某某方面应该对丈夫尽到义务的时候，她们通常会做出两种反应：第一个就是感到惊讶，第二个就是对目前所受的“压迫”感到愤怒。

让我们对这个问题思考一会儿：有多少女性杂志谈到了女人对丈夫和孩子应尽的义务？没有几家。最典型的文章谈到的就是有关崇尚自由的话题：请钟点工和自己带孩子的问题，婚外性和婚姻的问题，乱搞性关系和保持贞节的问题，单亲和双亲家庭的问题。这些都成为了女性有权选择的对象。

当今社会，有那么多年轻女性离婚或者根本不成家，那是因为她们曾受到职业妈妈的忽视，在整个上学期间受到了反家庭的女权主义者的教唆，而且被这样一种文化氛围所包围：以牺牲他人满足自我的自私行为为荣。所以，她们不仅仅在听说对丈夫和孩子应该尽到义务的时候感到“惊讶”，而且，当得知这样做还能带来满足和快乐的时候她们感到更吃惊，这种情况对我们来说就不足为奇了。因此，正是这些年轻女人需要看这本书。

许多女人心甘情愿、毫无怨言地承担起对所有家庭成员以及朋友的责任和义务。许多妻子们愿意接纳亲戚和朋友到家里来访或者搬到她们家来住。虽然这种举动违背丈夫的心愿，可能给家庭团结带来负面影响，但她们毅然决定要这么做，这样——令人大吃一惊的是——她们没有任何时间和丈夫在一起。

听众凯伦打来电话把这种情况分析得非常透彻。她结婚六年，有一个快两岁的儿子。怀孕不久，她妈妈就被诊断患了癌症，搬过来和她们一起住。当孩子出生的时候，她妈妈的身体健康状况开始每况愈下。凯伦认为，她有责任照看妈妈和孩子。我猜，她认为丈夫能照管自己。

可是有一天，她发现丈夫在网上观看色情东西，于是她决定离开丈夫。她带上儿子和妈妈住到了姐姐家中，这样她们都可以照看妈妈。妈妈死后，凯伦继续和姐姐住在一起。两年过去了，丈夫表示悔改、承认不该看色情片子，而且想要一家团圆。凯伦表达了对他的爱，而且认为孩子看到爸爸在家是最高兴不过的事情。但是问题是，身为副校长的丈夫在加州工作，而她已经回到东部和姐姐住在一起并且准备继续留在那里。

劳拉博士： 你出现了一个再常见不过的问题，凯伦，所有的事情都在围绕你——你的孩子、你的妈妈、你想待在哪里、你感觉如何，似乎一切都不是在围绕这样一个事实：你是某个人的妻子。

凯伦： 是的。

劳拉博士： 你说得这么轻松，我非常吃惊。不管怎样，这不是一个已婚女人应有的态度。女人们越来越普遍地认为，一旦结了婚她们就完全可以自作主张，而丈夫只不过是在旁边站着接受这一切。为什么要这样呢？

凯伦： 我不知道。

劳拉博士： 你必须站在你丈夫的角度想一下；是他在供养着这个家。难道你看不出这是明摆着的事实吗？我想你没有看到这一点。

凯伦： 嗯，他说他愿意搬到这里来另外找一份工作。

劳拉博士： 可是他有一份工作。我不敢相信你会要求他放弃一份稳定的工作而陷入找工作的不稳定之中。如果是这样的话，那么现在真的就是你离开这个家的时候了。结婚的时候，你应该大概构思了一个新家。但是，你却和没结婚的、没有包袱的姐姐生活在一起，提供医疗资助、晚期病人收容所。这一切都是从你的角度出发，没有考虑丈夫的感受。如果换一种方式将会怎样呢？如果他心里想的都是孩子、他妈妈、他自己的那个家、他想居住的地方、他的感觉怎样、他有多累、他有多失望……他是否会完全忽视你？你一定会感觉活得没有意思；你在他的生命中没有任何分量。

凯伦：是的。他现在感觉就是这样。

劳拉博士：你是怎么形成这种思想倾向，觉得这样好的呢？

凯伦：我不知道。

事实上，她是知道的——只是在我点破之前她没有意识到。她家里根本没有任何男人——在她整个的成长过程中没有父亲、没有姨丈，没有任何男人和这个家有密切关系。她妈妈和姐姐们都离婚了。男人从来就不是什么重要的问题，丈夫也不是……在此之前。

劳拉博士：那么，你明白了什么？我敢说她们过得并不开心而且有严重的情感问题。

凯伦：是的。

劳拉博士：你想成为她们中的一员吗？还是想成为一个幸福的已婚女人和孩子一起共享其乐？

凯伦：是的，我想成为一个幸福的已婚女人。

劳拉博士：那么去吧，和你丈夫在一起让他感觉他很重要。今天就给他打电话。告诉他你爱他、需要他、你的孩子需要他。告诉他你马上就要过去。

凯伦继续说，她的主要问题在于她对家庭的责任感太强，不知道怎么从中走出来。我提醒她，一个人结婚后，配偶和孩子就成为了最重要的责任。我还告诉她，我认为她的家庭有“毛病”，因为没有一个人能够维持与一个男人的关系并发挥女人的作用，而且她们还心安理得地在逐渐削弱她的作用。

就在那时，她茅塞顿开。

一天只有那么几个小时，我们能够投入精力的只有那么几件事情，这就是现实。所以我们必须做出选择。如果你没有把丈夫放在第一位，令人悲伤的是，你也不会被放在第一位。

第三章
“你真啰嗦！”

宝贝儿，你是我老婆，提醒我还有哪些责任我没尽到是你工作的一部分；这就好比我是你老公，应该提醒你应尽的责任是我工作的一部分一样。你知道我会尽力去做，但是，如果我不知道我还有哪些没做，我又怎么去做呢？更不用说做好了。抱怨和告诉、批评和提醒是有区别的。

比尔

要我说说对有关善待和满足丈夫这本书的建议？我想要我的女人做的第一件事就是停止抱怨。埋怨生活怎么艰难这很容易。当我好不容易发现老婆正好“有兴趣”的时候，我首先必须得忍受二十分钟听她抱怨这个埋怨那个或者别的什么事儿，我才能接近她。我琢磨着，如果我帮忙做点儿家务给她减少一些负担，我就能得到她的欢心了。错！这是永远都做不够的，而且我总是做不对。一点点友好的表示，就能让我们走上令婚姻更加美好的长路。

布鲁斯

布鲁斯说得对。男人们的普遍怨言就是他们的妻子太难以满足。那些发电子邮件到我的网页中参与讨论“善待丈夫满足丈夫”主题的男人们就是这种感觉。他们说，他们的妻子总是批评、抱怨、发牢骚，很少表示对丈夫的恭维和欣赏，对他们还不如对一个凌晨三点按家里门铃的陌生人好！说这些话的男人并不恨他们的妻子或者已经离婚了；相反，他们是非常爱妻子的男人，而且他们都在尽其所能使妻子开心。但是，他们感到痛苦和孤寂。

另一位听众肯今年三十八岁，当丈夫八年了，有两个不满三岁的孩子。他写信表明了他对妻子喜欢唠叨的看法，他说并不是妻子绝对不能对丈夫有不好的看法或者和丈夫发生什么问题，而是妻子应该阐明问题，不应该带着“埋怨、争论、哀怨、无谓纷扰或者推卸责任”等情绪。肯认为妻子应该说清楚心里的想法，和丈夫协商解决的办法，然后采取行动。

我同意。肯说，实际上，男人不喜欢女人们“怨天尤人”。他们恨这样。如果一个男人在自己家里都不得安宁的话，他不仅仅会变得憎恨回家，而且还会变得憎恨生活，因为家本来应该是他们获得放松、得到认同、被人疼爱和感到满足的地方。这一令人伤心的现实，使他们堕落，做出一些愚蠢的行为，例如喝酒、吸毒、网上诈骗、拈花惹草或者更坏的事情。

而且，女人们所抱怨的还不仅仅是对丈夫在家里的表现感到失望；她们对家外的一些“男人们的事情”也持否定、反感和贬损的态度。约翰和玛丽写信告诉我，他们观察了几对处于这种状况的夫妻。他们说，妻子们一旦谈到军事题材、体育项目或者股市行情，她们就会嘲笑男人。约翰和玛丽在观察报告中写道："如果男人们取笑她们的针线活儿、厨艺、温泉洗浴活动或者逛街偏好等等，这群女人们就会脸色发青。"多么真实的描述。

约翰和玛丽也写到了一些他们认识的女人。这些女人参加了各种各样的女子俱乐部和活动小组，当她们从事这些活动的时候，她们总是希望丈夫待在家里照看孩子（丈夫非常乐意）。但是，只要丈夫想做点儿"纯男人"的事情，比如钓鱼、玩扑克牌或者一个人到车库去敲敲打打，而又没带她们去，她们就会大发雷霆；妻子们认为她们只不过是在做她们应该做的事情，因为她们为家庭付出了那么多，所以需要一些属于自己的时间；但是，她们却认为丈夫粗心疏忽、不解人意、自私自利。真是不解人意、自私自利！

除了抱怨"男人们的事儿"之外，妻子们还喜欢抱怨丈夫的"风流韵事"。她们打电话跟我谈这种事真的是对我耐心的考验。有一天，一位妻子打电话到我的广播节目中想弄清楚她是否应该和丈夫为了一张圣诞卡发生对抗，因为这张卡片是丈夫的前女友寄来的。事情看来是这样，这位前女友（很久很久以前的一位女友）每年给她丈夫寄一张圣诞卡、她那个幸福家庭的照片，还有一封"最近的信"。我的这位听众所抱怨的是她知道的有关私人的事情，还说那有多么多么不合适。

劳拉博士：来信里面有什么挑逗性的、刺激性的、不合适的言词？记住，你有一次机会证明你的观点。现在，能不能给我举一个说得太过分的例子？

访问者：她写到了怎么与乳腺癌抗争继续生活下去。

劳拉博士：一个婚姻很幸福的女人每年和你丈夫只联络一次，而且还是用圣诞卡，而且她还得了乳腺癌，你就感到害怕、感到愤怒了？是啊，女士，你经常为这样的、完全出于他的控制之外的小事而抱怨他吗？

不管你信不信，她还是非常固执地认为这是多么不合适，她一定要和丈夫理论这件事。说实话，我为她可怜的丈夫感到伤心，他很可能没有一个快乐的圣诞节可以过了。

妻子经常抱怨、挑剔和批评她们的男人（老实说，女士们，我们确实经常这样），她们男人的自尊会受到很大伤害；因此，男人们会更加努力，不过就那么一会儿，然后他们就会放弃；然后，我们又有更多可以抱怨他们的了。真是一个恶性循环啊！

听众吉姆说，他是一个理科硕士，在一所大学工作。在学校里，他给肄业生教计算机课程，给毕业生做计算机课程教学辅导，给同事们解决计算机问题，给一个小型科研和教学融为一体的实验室做维修，操作设备（自动卸货卡车、拖拉机、小型机器锯，等等），并且还给一个学生俱乐部做指导。

大家对我的工作表现评价非常高。但是在家里，我什么事情都做得不对！有时候我想花几分钟时间考虑一下手头的任务，努力想决定下面应该具体做什么。权衡利弊之后，我做出了决定，开始行动。几乎不变的是我每次都会听到同样的声音："你干吗那样做？好了，我不能……"或者是："又是谁把东西放这儿了？"或者有时候我会落得一个非常干脆的"蠢死了"。

许多次，妻子宁可采纳她自己的几乎要被淘汰的第二或者第三套方案，却对我的选择不予理睬。她不想听我的任何解释，而且如果我提及我刚被她骂过愚蠢，等待我的很可能是一场争论而不是道歉。

抱怨就像具有腐蚀性的东西一样侵蚀着你、让你筋疲力尽、忍无可忍。

吉姆说得对。凯瑟琳的丈夫也这样认为，就在他离开她之前。另一位听众凯瑟琳写信给我谈了她自认为“二十五岁非常不成熟时”的婚姻。她承认她总是忙于她自己、家庭和孩子。当丈夫辛苦工作一天后跨进家门的时候，她所做的一切事情就是抱怨孩子和家务。她还会抱怨自己的生活，实际上她的生活已经非常优越了。丈夫从来不想从她那里得到一个拥抱。她从来没坐下来真正问过丈夫的工作怎样、每天是怎么过的、过得是否开心。

我从来没有理会过他的感情，最后的结果是，我失去了丈夫，把他推向了另一个女人，孩子也失去了父亲。天哪，如果以前我对他有对我的孩子那样关爱就好了。我现在已经四十好几了，我真恨不得为自己的自私和愚蠢踢上自己一脚。姐妹们，我真的从自己的错误中得到了教训。

凯瑟琳又结了婚，她对现在的丈夫可大不相同了。她总是问他一天过得怎么样，要他跟她讲讲具体做些什么。而且，即使她听不懂他在谈论什么，她也会显得非常感兴趣。她和他一起起床，在他上班前为他把咖啡准备好，在他下班时为他把葡萄酒准备好——他下班进门的时候从不对他抱怨任何家里的或者个人的事情。多么简单的表示！和她在原来那个家时有多么大的区别啊！

我相信，很多女人如果不埋怨、不挑剔、不批评，她们就不知道怎么做了、不知道怎么交流了。许多次在我的广播节目中，我建议女人们用对待小狗的方法处理这个问题。我告诉她们，不要总是对任何一件不开心的小事、任何错事或者观点和看法的不同，尖声叫喊“不”！她们应该赞赏那些丈夫喜欢而自己讨厌的事情。能够做到这一点的话，你就会获得更大丰收！

听众克拉伦斯写信说他的妻子非常像一个前额正中间长着卷卷毛的小姑娘：她好的时候非常非常好，但是不好的时候，她非常令人讨厌……而且满口妄言。

为了在郊区（他妻子愿意住在那里）抚养五个孩子，他每天乘公交车辆往返于市区和郊区之间，工作十三个小时。尽管回家时已经筋疲力尽，但他总是做点什么需要做的让妻子轻松点儿……也许是想让她做个“好女孩儿”。他经常洗盘子，下水道堵塞时，就进行疏通。

> 即使对我轻声说句“谢谢”，我都会感激涕零了。但是，我经常得到的回报就是，“你知道吗？你用洗碗巾擦干盘子是在扩散细菌！”这样，下次下水道堵塞的时候我就不管它而是做其他的事情。知道会有什么反应吗？“你为什么不能把这些盘子都洗了呢？”这样，下次我洗盘子的时候就把盘子小心翼翼地叠成三英尺高。知道会有什么反应吗？“你知道我已经把面包平底锅涂上了油脂准备再用吗？现在好了，就是你害得我反而做得

更多，我还得重新又把它涂一次油脂！”

这样，下次盘子不能叠得更高的时候，我就等上几个小时让盘子自然风干，然后把第一批盘子放好。知道会有什么反应吗？“你把调羹放进抽屉的时候，有一片还是湿的！”这样，下次我就不洗盘子了，而是花两个小时清洁客厅。知道会有什么反应吗？“你为什么就从不做点儿家务呢？难道你没看见盘子需要洗吗？”

这样，下次我就泪流满面地站在厨房的洗涤槽前，想协助完成一件引起注意的事情。但是，使我目瞪口呆的是，我又发现了另外一种盘子洗得不好的方法。知道会有什么反应吗？“我要离婚。不管怎样，我还得自己做家里的任何事情！”

轻轻对我说声“谢谢你”，我会更加开心。

我和丈夫讨论埋怨这个话题的时候，丈夫认为我已经具备写这一章的专门知识（可能是个暗示？）了。他说，他在思索，埋怨是与女性XX染色体有关组成的一个部分——而且它被简单地置入了DNA。但是，即使这是真的，这能让我们摆脱困境吗？我们能不能说因为这是基因决定的，我们做妻子的就有了埋怨的资格？

我认为不能。

但是我相信这是一个典型的更容易发生在女人身上的问题，而且女人们几乎都认为这是她们与生俱来的权利，如果没有埋怨的话，男人就会迷失方向。

我认为不会。

听众雷切尔写信说，她也认为埋怨是妻子们固有的权利。尽管她和丈夫结婚刚刚一年时间，他们每天都在吵架！

她要他们两个人都到婚姻咨询所去帮他找出他错在哪里。她认为她的所有需求都非常重要。比如说，她会埋怨他浸泡盘子，会为了他忘记了早在三个月前说的事情而对他大动干戈。

> 我不得不行使我埋怨的权利，要不然，他不知道他在做一些让我烦躁的事情。而且，作为我的老公，他不应该生气——只能像男人一样忍受。

更像一块门垫一样忍受，这才是她真正的意思。显而易见，这肯定会导致他们的关系出现问题。她最后承认她应该负责任，还表示她找到了一个解决问题的方法：干脆封住自己的嘴巴。奇迹出现了。他们吵得少了。他们的婚姻越来越好了。她对他说她感到非常抱歉，因为她给他带来了那么多的痛苦。

她在信的末尾说："我明白了一点：埋怨不是美德。埋怨不会带来任何好的结局。"

确实不会。但是，感激却可以带来好的结局。思考一下下面两个情境，然后分辨哪个会带来了满意的结果：

垃圾需要带出去了。

情境一：每隔五分钟对他叫嚷一次，提醒他垃圾需要带出去了。然后责骂他还没有去，不管你喊了多少遍，也不管他正在做什么。接着，开始把事情升级恶化，把过去十年来他所做的让你生气的事情全都抖出来。然后，一旦他最后把垃圾带出去，你对他说："是时候了！"接着，你雷霆过后进入自己的房间，撅着嘴，上了床还把背对着他、不理他。

情境二：让他知道你已经把垃圾包好放在了门后，而且问他，如果他有时间是否请他把垃圾倒在垃圾桶里。不要再说第二遍（干吗多此一举呢？清洁工直到清早才会来）就在他把垃圾袋扔到垃圾桶内转身回来的那一刹那，给他一个深情的亲吻。同时对他说，他真是给你帮了大忙，因为一个手臂撑着桶盖，另一只手扔一个很重的袋子，对你来说太费力了。

你认为哪种方法会保证厨房里的垃圾每天晚上会准时倒掉呢？

听众乔建议使用情境二中的方法，他写道：

> 男人是行动者，简单、直线型。他们之所以大都喜欢英雄救美，就是因为他们有一种令他们的骑士精神被人崇拜的需求。

男人爱听“我的英雄”！是什么使妻子们那么难给她们的丈夫这样的赞扬呢？那么多虚伪的傲慢、自尊、憎恨和顽固不化是从哪儿来的呢？

农民查理描写了他妻子给他讲的一个和她邻居之间的谈话。显然，查理的妻子对那位女邻居承认了她抱怨查理。她说查理不愿意做她要他怎样做、什么时候做的家务。另一个女人告诉查理的妻子她和丈夫没有发生过这样的问题，因为如果她丈夫做了她要他做的家务琐事，她就“奖赏”他。

听完这个故事后，查理的妻子对他说：“我不希望你因为做了家务而想得到奖赏。”查理走过去拿好了帽子准备向大门走去，这时妻子问他到哪儿去。

他说他只是想过去看看她的朋友是否需要给草坪除草。

我妻子还是没有想通。如果我能获得感激的表示，我会更愿意去做她想要我做的家务。

查理的妻子多么目光短浅。看起来事实确实是这样的，许多女人把“闲聊”丈夫看做是她们“控制”丈夫的一个手段。我和来访者莎莉在这个问题上争论了一番。

莎莉和丈夫结婚十五年了。她说因为他特好就嫁给了他。我马上回击她，说她是因为这个选择让她有了控制权，她才这么选择的。现在，她认为丈夫的“好”已经“减弱了”，而且对他不能帮她管教孩子感到非常失望。

莎莉：我们谈过这个问题，我告诉他我想从他那儿得到的就是帮助我。

劳拉博士：他做事情从来没做对过，是吗？

莎莉：不是他没做对，而是他根本就没做什么。

劳拉博士：因为他做事的时候你老是批评他。每次他做事情，在你的眼里，都做得不好。所以现在他干脆不介入。这是一个恶性循环。我建议你们俩到咨询所去问问。咨询员会提醒你冷静下来、不要管事，而只是对他提出建议。他必须独立承担家务，并且，如果他拒绝拥有控制权，他不能抱怨没有控制权——即使在你既不想放弃控制权又不想分享控制权、进退两难的时候，他都不能抱怨。如果他想保留在你和孩子们心中的尊严，他不得不更加勇往直前，即便这并不是他的本性。他也不能因此而责怪你！现在，我想要你对自己考察一个星期，而且当他真的有了控制权的时候，体会你自己挨批评的感受。你这样做的时候，他会想，何必多此一举。

莎莉：对了，说得真对。

劳拉博士：所以，即使他只有百分之六十的时候做了你要求做的事情或者你满意的程度只有百分之六十，总比他什么都不做要好。莎莉，你知道，掌握管理控制权看起来似乎很好，但是最终你会被压垮，你还是需要一个帮手、一个搭档。举一个例子，如果约翰尼故意把水倒进灌木丛、走到你丈夫那儿说："请你处理一下好吗？"然后就走出房间。根本就不要去看是怎么回事儿！你只需——这是最重要的一点——说："谢谢你。"

莎莉：好的。

男人们下班回家听到的只是说他们怎么没有做足够的家务，这对他们来说确实非常痛苦。当他们协助洗盘子而只听到说他们怎么没洗衣服时，他们就开始感到很失败。听众克里斯经历这种情况的时间很长很长，以致他最后和另一个女人发生了关系。显然，这个女人更把他当英雄来看待。最后，由于心中充满了悔恨和对家的爱，他和那个女人断绝了关系，而且和妻子一道分担家务、修补婚姻。他在信的结尾写下了如下意义重大、充满智慧的话：

如果要我总结，我会说："女士们，请认识到我们男人真的很爱你们。即使你们认为我们没做什么家务，我们还是做了一些有一定难度的事情，比如说换油、除草；下雪天很早起床为你们铲出一条通往你们汽车的路；并且发动汽车，为的是等你们上车的时候车内已经暖和。为了你们，我们愿意赴汤蹈火在深夜为你们取得一夸脱的甜面包、面团、冰淇淋，因为我们爱你们。"

听众罗伊说他结了婚，但是感到很孤独。他说他在努力做一个好丈夫，但是每当他谈到他满足不了妻子的期望时，他觉得做一个好丈夫太难了。他渴望成为她的英雄，但是她总是直截了当地指出，他没关灯、没打扫灰尘、盘子上有污迹漏洗了、打扰她说话了、在停车场走错路了，开车开得太慢了，等等。

他给这个女人提了如下建议：

> 如果你们做不到突出和肯定我们积极的方面，至少要承认它。这个世界充满了对男人的要求，其中有一些我们根本达不到的标准。总会有一个比我们更加英俊、更有男子气、更加健壮的男人。即使我们不完美，如果我们生命中最重要的人仰视我们、认同我们并且爱我们，这些标准都不重要了。
>
> 也许成熟男人身上还保留一点小男孩的性格。我所知道的一切就是丈夫有一个支持他、为他正确的行动赞赏他的妻子，这样的丈夫是任何其他生活在批评和讥讽中的男人嫉妒的对象，而且后者还经常被指责事情做得不好。

噢。

所有这些对男人的批评不仅不会使男人感觉更亲切，而且也会使喜欢抱怨的妻子感觉对丈夫的爱越来越少。这是事实。批评行为损害了批评对象温暖的感觉。另一方面，消除或减少批评却可以增强爱情。

莎拉在信中说她从来没有意识到她对待电信营销员比对

待自己的丈夫还要好，她的许多已婚朋友也是对完全的陌生人比对她们的丈夫还要好。她从来没有看到过丈夫做事的优点——只看到了丈夫带进家里的泥土。

她说，她已记不很清楚她是为什么或者什么时候开始发生变化的。也许就是在她对一切消极的东西感到忍无可忍的时候；也许是在她意识到如果出门不化妆或者穿得不漂亮，或者在家里穿着汗衫，她就会感到不太高兴的时候。

> 过去许多次，我想尽办法让丈夫感觉她就是我的勇士，因为他确实是。后来有很长一段时间，我偏离了自己的轨道，总是小看他和他在我生活中的重要性。我还没有找到为什么那样的真正原因，现在的生活又变得精彩了。我的变化给予了我十倍的回报。我对丈夫的爱与日俱增。

许多女人经常打电话向我诉说她们已经失去了那种爱的感觉。她们认为这当然是因为自己的男人已经缺少了什么东西。其实更常见的情况是，她们是因为一直虐待自己的男人而践踏自己的爱情。对此，你们能够想像得到。

我经常为这些女人对小事的抱怨和对自己无力想出另外一种解决问题的方法而伤透脑筋。这些女人对别人的不良感觉似乎总是抢先突然来临，而且经常控制不了情感和理智。

蒂娜打电话给我谈到了她将近一年的婚姻。这是她的第二次婚姻，她和她丈夫有了一个刚刚出生的小孩。如果是在小孩出生后的至少第一年内，特别是如果妈妈真的在带孩子，她的脾气可能会暴躁一点。但是这件事情却让人啼笑皆非。

她非常愤怒地告诉我，她丈夫在他丢失结婚戒指这件事情上对她撒了谎。

蒂娜：他说一个月前他把结婚戒指弄丢了。他以前根本就没对我说过这件事。他跑到珠宝店重新买了一个非常相似的戒指。我是在信件里看到有关珠宝单据时才发现的。事实的真相是，他已经找到了戒指。现在他有两个戒指和一张珠宝单据，而且他对自己的妻子撒了谎。

劳拉博士：他对妻子撒了什么谎呢？

蒂娜：他从来没告诉我他丢了戒指。

劳拉博士：为什么这就是说谎呢？

蒂娜：因为我觉得他应该告诉我。

劳拉博士：你想知道他为什么没告诉你并不等于他撒了谎。他没有撒谎。注意一下你应该怎么去考虑，我能理解他为什么什么也不想对你说。因为你看起来情绪反复无常，所以在你发现和发怒之前，他就到外面去换了一个。他不想让你受到伤害、不想让你担心也不想让你生气。他在努力解决这个问题让你开心。但是你却打电话到电台想让他难堪。

蒂娜：我真的觉得他不诚实。

劳拉博士：蒂娜，你知道，你的感觉并不是事实，而且你的感觉更不应该成为武器。

蒂娜：那么你认为他做得对？

劳拉博士：是的。这是仅有几件“做得正确的事情”之一。显然，他不想因为这件事伤害你或者让你生气。还有一点，他并不认为他告诉你以后你不生气。

蒂娜（嘲笑地）：我能保证他听到这样的话一定很高兴。

劳拉博士：蒂娜，我希望你从现在开始对他好点儿，因为你有个刚出生的孩子而且你已经离过一次婚了。我认为你不应该那么快就对丈夫咬牙切齿。

蒂娜：好的，你说得有道理。我想是因为不诚实对我来说是一件恼火的事，所以那么快就咬牙切齿了。

劳拉博士：那不是不诚实，那是沮丧。现在你在夸大每一件事情，因为你有过一些痛苦的回忆。你这样做很可能会毁了今天。

蒂娜：我不想毁掉今天。

劳拉博士：那就好。他回家的时候，我希望你抱着他的脖子对他说你真的是在无理取闹。告诉他，他对你有多么好，因为他在尽力做一些补救措施使你整天高兴，而且为了让你不生气还买了一个戒指换上了。告诉他，你真的非常感动。不要再提过去。对他说“对不起”，一切都会顺利过去。

蒂娜：非常感谢，我会这样去做。我尊重你的意见。

显然，女人们很容易尖牙利嘴地攻击丈夫的原因之一就是：她们已经反复经历过了太多的地下关系、同居生活和婚姻生活，在她们的内心已经形成了太多的痛苦和失望。她们不想受到伤害——再次。她们变得过度敏感，总是抢先一步形成错误的假设。

妻子们必须装做从未受过伤害的样子去疼爱自己的丈夫。否则，她们把今天也会给毁了。

遗憾的是，许多女人都很难从自己的同性朋友、亲戚甚至一些“援助”团体那里找到心理健康的观点。

听众温迪写信告诉我，她的婚姻吵吵闹闹持续了四年。第四年的时候，她丈夫建议她去参加教堂举办的星期三早晨“妈妈团”活动。每次她一去，星期三晚上丈夫就发现了她的变化，但是并不是他们俩都期待的好的变化。

> 这个女性团体没有给我们提供我们希望得到的帮助。它不仅没有寻求做一个好妈妈的实用的方法，反而为女人们提供了发泄怨言的时间和机会。在那里，女人大肆抱怨她们丈夫的个性、态度以及他们一般意义上和具体的错误。我都快被训练得喜欢埋怨和责怪丈夫真实的行为或者我想像的行为，喜欢从其他女人那里寻求同情了。我终止了参加这样的活动。我和丈夫从一对虔诚的夫妇——结婚五十多年的我们的牧师和他的妻子那里寻到了真正的忠告。他们教育我们互相尊敬对方、尊重我们的家庭和隐私。我们俩通过这样的途径从同样的人那里受到了教育，这对我们能够携手共进起到了非常重要的作用。

另一名听众格雷丝对发生在团体中间的“声讨丈夫”的反应更加强烈。她在信中描述了她和一群从她所工作的餐馆出来的女人们在一起的情形。开始的时候，事情进行得似乎比较慢，女人们只是抱怨丈夫在婚后没有对他们体贴入微、关怀备至；但是后来事情飞快发展到了对男人的猛烈抨击。

格雷丝的婚姻正好也出了问题，而且家庭生活岌岌可危。大家诉说苦情一个小时之后，有人注意到格雷丝还什么也没说。她们给她提供了平台，认为她一定有非常大的苦衷。现在应该是格雷丝可以“一吐为快”的时刻了。于是她给大家讲了她的想法。

> 她们大多数的苦情都是自己造成的。听我这么说，她们都惊呆了！我问她们，上次给丈夫做饭、和丈夫一起在门廊的烛光下吃饭是什么时候？上次给丈夫搓背是什么时候？我问的问题都是上次她们为丈夫做事是什么时候。所有的女人都呆呆地站在那儿看着我。
>
> 我想婚姻中的互相迁就和相互容让已经被这些女人淡忘了。从某种意义上来说，我们认为一旦结婚，我们“迁就”的做法就是洗盘子、做饭、照看小孩。然后，我们企盼自己的丈夫为我们所做的这一切进行回报，给我们擦背、给我们送花、和我们约会——但是，我们自己却从来不用这些去回报他们。
>
> 他们上班、除草、修车，我们给他们回报了吗？他们也同样需要得到回报。但是这不是你必须要做这些事情的原因，这不是一个回报的问题。你做这一切都是因为你爱他。
>
> 如果你想要婚姻的火焰熊熊燃烧，你不仅仅需要火花——你更需要添加燃料。所以，如果一个女人溅起了火花，她的男人就会跟过来添上一些可燃之物，然后她又会添加得更多，于是，幸福的婚姻就会来临。

那么多女人是怎么发展到现在这种令人不快的地步的呢？她们不能理解男人的要求实际上多么简单，女人对男人有着多么大的感化力量。为什么打击“男人的自尊”和采用

“女性手段”等观念顷刻间就已经声名狼藉了呢？为什么大多数女人喜欢对丈夫发脾气，同时又希望嫁给他们过上幸福的生活呢？

这里面有很多原因，而且我相信这些原因都与对宗教伦理、谦虚、忠诚、贞洁、尊重生活、家庭责任和抚养孩子等方面的攻击，以及这些方面的实际沦丧有关。

有了宗教基础，男人和女人都感到非常欣慰，因为当他们与异性结合在神圣的婚姻里时他们变得更加完整了。但是，如果没有宗教基础的话，女人们也许会认为婚姻要么是一种和通常的短期同居一样的选择，要么是一种受到压迫的威胁，要么是一种实现某种重要的物质目标的障碍物。

当社会提倡谦虚、贞洁和忠诚的时候，那些认为自己不仅仅是性目标或者性发泄对象的女人们就会普遍受到社会的尊重，特别是男人们的尊重。现在，女人不得不和那些把性接触作为临时约会的一个内容的男人们进行斗争。这样导致的结果是，女人们忽视了她们结婚的真正本质，发现自己越来越受到伤害、感到痛苦；因为她们在寻找婚姻在文化中的意义，但是文化却告诉她们意义就是没有任何意义。

正当对生活充满了敬畏和尊重的时候，一次“意外怀孕”可以解决责任和义务的分担，因为女人希望怀孕、男人应该承担责任。现在，男人们都希望意外怀孕出现堕胎的结果，因为这个社会训练男人们把它看成是一种临时的不便；或者他们希望袖手旁观，因为有人告诉过他们，男人不必带孩子。

对婚姻和抚养孩子负责再一次被认为是成年人的最高使命，因此，许多女人都仔细寻找“正确的”男人承担这份工作，请教父母亲的意见求得他们的同意。现在，随着能够维持的婚姻微乎其微，小孩生长在复杂的家庭环境（由多次婚姻、离婚和非婚姻孩子组成）中，越来越少的女人把婚姻和抚养孩子看成是自己分内的事情或者正常的事情。

女权主义所提倡的提高女性地位的观点包含两方面的不良引导：一是女人可以不要男人而生活（孩子可以不要父亲而生活），二是和男人闹分裂是一件不必要的甚至是危险的事情。这两种引导当然不会帮助女人培养良好素质，而这种素质正是一个女人在一夫一妻的男女性爱和责任义务关系中发挥良好作用所必须具备的。

这种对女性价值的过度自我中心化，加上对男人的真正鄙夷，使得女人们对男人不好。太多的女人以一种女人拥有优越地位和男人应该体现无私的对抗心理看待男人。为什么会这样呢？同时来自各方的影响使女人们形成了一种错误的优越感。

这种错误的优越感加上她们觉得父亲没有给予她们适当的心理满足，女人们想出了应付精神紧张的秘方。女人渴望得到保护、受到关爱——不管她们愿意承认还是不愿意承认。当家里没有父亲的时候，这种渴望越发强烈。她们有一种有人替代父亲的心理需求，于是走入她们生活中的一个或者多个男人在她们心中的地位就变得比较混乱。这样就造成了女人对男人能够做什么、应该做什么抱有不当的期望，这种心理直接妨碍双向关系的健康发展。尽管在所有婚姻关系中，总会有一些男人像父亲一样对待妻子、一些女人像母亲一样对待丈夫，但是抱有总是想给予爱或者总是想接受爱的这种心理是一个非常严重的问题，因为他们的配偶要么动力过足要么完全缺乏动力。这种动力的失衡破坏着夫妻关系、腐蚀着人们的灵魂。

莎拉用带优越感的态度写下了自己的经历：

刚结婚的时候，我有一种印象就是，男人本来就应该受到控制、应该迎合妻子的想法。大家都说男人愚蠢，需要调教和训练。我感到越来越灰心丧气，因为我丈夫不迎合我。我要求他表现得像个“男人”，但是并没有把他当男人看。我太计较自己的回报，以致我几乎看不到他也应该得到某种回报的事实。我利用了他对我的爱，把它误解成了软弱。

当我逐渐长大，精神和情感上渐渐成熟，我意识到正是因为我自己的行为才使他做出了现在的反应。现在，我对丈夫非常尊敬，这种尊敬不仅仅是他作为一个丈夫和一个搭档应该得到的，而且也是作为一个人应该得到的。于是，他成为了一个我从不允许他成为的“男人”……而且表现出色。我明白了这是我所学过的生活课程里最重要的一课。

另一名听众路易丝给我发来电子邮件谈到了有关她对原来父母所在家庭里动力的理解，这种理解扰乱了她对男人和婚姻的感觉。她的父亲非常凶狠、脾气粗暴。她对父亲的反应就是怕他、恨他。当她想建立一个自己的家庭，一个幸福的、充满爱情的、经营良好的家庭的时候，她的思想一片混乱，担心成为她妈妈所扮演的那种“受害者”。通过心理治疗，路易丝渐渐意识到她妈妈根本就不是一个受害者，而是一个自己应该对自己的选择、行为和举止负责的人。她妈妈恨男人，认为男人都是宠坏了的孩子、必须进行管教。她教育女儿们用同样的观点看待生活。她回忆道：“我父亲和她真是绝配，他欺侮她，她就允许自己成为烈女（超越凡俗之人），以此来控制他。”路易丝意识到，如果她想拥有一个成功的婚姻，她必须为自己的选择承担起责任，因为她已经决定了成为丈夫的配偶、已经确定了对待丈夫的方式。刚结婚的时候，可想而知，事情进行得非常艰难。因为对她来说，不把她在原来家里学到的东西用于自己的实践中是一件困难的事情。但是现在她说："我非常感谢我的家庭，而且我们彼此友爱、彼此尊重、彼此宽容，我感到非常自豪。一句话，我们呵护着彼此的关系，而不是包庇着彼此的神经错乱。”

许多读了这本书的女人对书中讲述的一些主人公无比愤怒的地方可能会感到不可理解。也许路易丝的先生讲的这个故事会有所帮助：

> 一位爷爷正和孙子在谈话。“孙子，”他说，“我的心脏里现在有两只狼，而且他们正在打仗。一只狼非常狠毒、残酷，另一只狼非常聪明、善良。”
>
> “爷爷，”警觉的孙子说，“哪一只狼会赢呢？”
>
> “我喂饱了的那一只。”爷爷说。

这正是我为什么要让处于婚姻困境中的女人们避开女性团体的原因。在女性团体里，抨击男人是妻子们面临的一个十字路口，一边是对丈夫殷勤，另一边是否认个人的责任。我把这些女人从庸俗的、女权导向的心理疗法者那里引开，因为对这些人来说，与男人建立幸福的关系根本没有必要；我把这些女人从她们与同性朋友对丈夫不满的闲聊和议论中引开。我之所以做一切严肃的“引开”工作，路易丝的先生讲的故事可以充分解释：你对消极的事物讲得越多，你离健康的、想做出奉献的动机就越远，离对积极事物的欣赏就越远。

妻子履行责任还有一小步要走的就是：对那些真的无关紧要的事情，把嘴巴闭起来。我喜欢对自己复述一句一位退役海军中士给我的赠言："这是你愿意葬身的山丘吗？"说实话，自问这个问题总是能够立刻使我的优越感烟消云散，总是能够减小我为之发愁的事情的压力。

妻子必须提醒自己的是，当她们的丈夫做事与她们自己做事的方式不同的时候，这并不意味着就违背了公理、表示了蔑视。这仅仅只是做事的一个不同的方式。不要马上纠正丈夫，先看看你能从中学到什么（可以学到的，知道吗?），然后看看事情是否做完了（这是目的，不是吗?），再然后，给他赞扬（你也喜欢这些，不是吗?）

一个署名"L"的丈夫写道，妻子们不应该进行"微观管理"。

> 相信你的丈夫。认识到他有自己做事的方式。这些事情不一定就完全按照你的方式去做。如果盥洗室脏了，他没有要你给它"特殊接触"，你就不要管。如果为了让你去参加为分娩的母亲举行的送礼会，他在家带孩子，不要留下一大串清单要求具体怎么做。只要你们两个有着同样的原则和价值观，你就应该相信，在你不进行干预的前提下，他能够建立和自己孩子之间的关系、形成对孩子的"照管风格"。

女人一旦进行微观管理，她们的丈夫就不会再努力让她们高兴，然后妻子们就会埋怨自己的男人没有为她们做什么事情。妻子们应该分析反映问题根源的因素。

从实质上来说，微观管理就是控制。这种控制使男人们觉得他们最终不是他们的妻子原本希望要嫁的男人。听众比尔给大家讲述了一个他的第一个妻子（显然不是他现在的妻子）为他买牛仔裤的故事。他已经非常仔细地写下了他想要的尺寸、品牌和颜色。他甚至告诉了她价格最优惠的商店。她却买回了“多克斯”（Dockers）牌的牛仔裤——土黄色、错误的尺寸，而且显然是错误的款式。他感谢她辛苦了，说也许是一时疏忽才弄错了，并且请她去调换他想要的那种。她同意了，但是第二次却又买回了另一种“多克斯”牌的裤子，而且不是牛仔裤，颜色也不同。

> 这一次她解释说，她不喜欢我穿牛仔裤的样子，也不喜欢我想要的那种，我想要的一切只不过就是一条“多克斯”牌的牛仔裤。原来她真正想要的是另一个穿“多克斯”牌服装的男人。她花了二十五年的时间努力想把我变成另外一个人。真正了解你的丈夫并且接受他。他就是他自己。结婚前她就已经非常清楚我是什么样的男人。她只想到了她可以对我抱怨、对我撒谎、对我哭闹、对我操纵、对我尖叫，直到我变成另外一个人。

他真的变成了另外一个人：她的前夫。

不能接受自己男人的本来面貌还存在更为恶劣的情况。使我一次又一次感到可怕的是一些女人借着“感情”的名义所做的错事。这是“权力问题”的扩散。她们所说的两种

“感情”足以使任何一个丈夫屈服，它们就是“伤害”和“不舒服”。我已经在电台节目中无数次地和妻子们争论过她们过分使用或者滥用这些感情的问题了，如果她们有控制和支配的企图，经常情况下这就相当于残酷和恶毒。

在再婚家庭背景中，这种情况显得更为典型。我感到惊奇的是，许多女人和有婚史、有孩子的男人结婚后，竟然希望与他的过去有关的那一切一出现就马上能消失殆尽，仿佛他以前的生活能够蒸发到某个不明之地去。

男人们为此感到非常痛苦和担心。布赖恩就是一名这样的丈夫。

布赖恩：我现在又结婚三年了，有两个孩子，一个两岁，一个三岁。我前妻住在另外一个州，我和她有一个八岁的儿子。我前妻现在又离婚了。由于距离和其他一些因素，我不能经常见到儿子。

劳拉博士：噢，天哪，可怜的男孩儿失去的太多了。

布赖恩：是啊，我希望她能维持婚姻，儿子也能有一个男人作榜样学习。

劳拉博士：我怎么帮你？

布赖恩：我的问题是：我想整个夏天都和他在一起。以前我和他在一起从来没有那么长时间，他妈妈现在压力很大，愿意我和他在一起。但是，我妻子为这事儿感到不自在。

劳拉博士：不自在……为什么呢？面对新的、不同的事物，每个人都可能感到不自在。是吗？跟她谈谈这个问题，找出处理的方法。

布赖恩：我现在想请问你，劳拉博士。从道义上讲，如果我对前妻说让儿子整个夏天都和我在一起不可能，是不是不太合适？

劳拉博士： 先生，你又不是要我去那儿。你生了他，然后却抛弃了他。他是你的儿子，你必须抚养他。

布赖恩： 我非常赞同你的观点。但是我妻子说她不愿意要我儿子在我们家待上整个夏天。她说她办不到。

就是在这个时候，我为自己的性别感到羞耻。当然，我知道带两个三岁以下的孩子很辛苦。我不喜欢听，但却经常听到的就是，女人们不愿看到丈夫在前次婚姻中生的孩子，因为在自己的孩子以前没有别的孩子了！多么令人厌恶！令人更为厌恶的是，妻子们支配着丈夫本来准备花在自己孩子身上的时间、感情和财力。她们对这样的事实几乎没有什么感受：丈夫早就有了这样的纽带关系，而且这种关系对他来说是非常重要的，他对自己的任何一个孩子都应该负责，这是道德义务。

正如我告诉许多打电话来问这种问题的丈夫们一样，我告诉布赖恩的就是，他必须通知他的妻子、儿子马上就会来过夏天。过上一段时间，一切日常计划、交通和活动安排方面的难题都会迎刃而解。

布赖恩： 如果她说不呢？

劳拉博士： 不能说“不”。你可以说：“亲爱的，你嫁给了一个有孩子的男人。不能说‘不’，只能说‘怎么安排？’”

布赖恩： 那么——不管发生什么？

劳拉博士： 你是他的爸爸。给你妻子一段时间。

我建议他也留心一下他妻子有多少次、以什么方式支配他，对他说她好像看到一个禁止通行的牌子一样“不舒服”。义务和责任通常不属于可以“消除不适”的范畴。当事情发展到某种特殊情形，比如说对性格和爱情要进行特别衡量的时候，责任和义务会成为反叛情绪的部分原因。

我们都希望我们能够控制周围的一切人和事。我们认为我们是安全可靠的——因为总是在熟悉的地方。说实话，生活并不是由熟悉（往往也是舒服的）的事物构成的，而是由我们向不熟悉的事物进行挑战形成的。

听众汤娅把自己定义为“控制怪”，她在这方面有所体会并愿意和我一起分享：

> 我对丈夫不以为然。我现在才明白这一点，而且是在我最近成为了你节目的忠实听众、听取了一些像我一样的节目参与人谈了有关她们的事情之后才明白的。我是一个“控制怪”，总是想征服我的丈夫。这主要与我们的经济开支有关。从某种程度来说，我明白，我在尽力控制他的花销等等的时候，我真正所做的就是惩罚他。我也喜欢在这方面感觉比他有优越感——作为支票簿的女皇，我多少比他要好一些。仅仅因为我认为他不需要一台磨沙机并不意味着他就不应该拥有一台磨沙机。他大概也认为我不是真的需要那些蜡烛和“PamperedChef”的产品……但是他必须为他过去所犯下的错误而受到惩罚！我准备通读你的书，而且我相信它会帮助我找到另外的方法，让我告诉他我欣赏他。正如我听你说过多次的观点，如果他感觉到有人爱他、有人欣赏他，那种感觉就很可能反传回来。

你可以绝对相信。

然而，通常的问题是，要让妻子们明白、承认、接受和认识到她们实际上是在控制男人。许多女人很快得出结论，认定丈夫表面上的一些语言或者行为就是他进行控制的证据，这中间有些女人似乎对她们自己的真实行为视而不见了。

来访者克里斯特尔就是这样的女人。她已经读了我的书《搅乱夫妻关系的十大蠢事》，对她记得叫“愚蠢的‘控制’”这一章特别感兴趣。

劳拉博士：事实上，这真的是“愚蠢的权力”。

克里斯特尔：愚蠢的权力。这就是我和我丈夫都知道我不可能改变他的原因。我不知道我应该怎样做才能让他知道这种权力不会再起作用了。

劳拉博士：给我举一个他做事的例子——你希望他改变的某种行为。

克里斯特尔：好的。我们曾经进行过一次争论。我向他道了歉——实际上，我在他上班的时候给他留了一个字条。我们回家后，在闲聊的时候，我问他一天过得怎么样。他说他真的很忙。我问他是否收到了我的字条。他说收到了，但是他上班的时候真的很忙、很苦。我转身走开了。然后我对他说这样真的很伤我的心，他竟然不接受我的道歉。

劳拉博士：好了。这就是你举的一个他控制和支配你的例子？除了你说的以外，我没有看出任何他控制你的迹象。你丈夫不得不——听仔细了，克里斯特尔——用某种方式来表示道歉，否则，你就会把大枪拿出来。你知道你的大枪是什么吗？“你伤了我的心！”他反反复复告诉过你，他一天真的很忙、很苦。这些对你来说根本就无关紧要，是吗？你觉得紧要的就是，在你想要的时候得到某种回应。克里斯特尔，亲爱的，在你的这种情形中，你是控制者。

克里斯特尔：真的吗？

真的。

那么，我并不是想造成这样一个印象：妻子对丈夫的一切控制都是坏事。相反的是，好坏取决于你心里想什么、你的意图是什么、你的言语和行动怎么样。听众帕梅拉写的信一针见血地谈到了这个问题。她对我讲述了她和结婚大约十五年的丈夫之间的一次谈话。他非常清楚他的前两次婚姻解体的主要原因，那就是，他的前妻总是想控制他。帕梅拉甜甜地笑着对他说，她已经控制他十五年了。他笑着回答说，他知道她是和他“闹着好玩儿的”，但是他喜欢她的这种方式——为什么呢？

> （1）他知道我绝对爱他：他六年前被诊断为心脏供血不足。（2）我喜欢他：他是我最好的朋友。（3）我尊重他。（4）我使他相信：他对身体上和情感上的任何需求都能够得到满足：他是一个非常懂感情的西班牙男人。（5）我总是让他开心一笑。为了回报我给予的这一切，他也给我许多的爱、尊重和友好，给我送珠宝以及一切我想要的东西。最近，我告诉他我想辞去行政管理工作创办自己的咨询业务。他眼睛都没眨一下就同意了——因为他知道那样会让我开心。

控制和给予是相反的两个方面，对一个妻子来说，如果你想得到想要的东西，给予是一个比控制更具有力量的工具。妻子从给予中得到的回报将会是激情和爱情，而不是害怕和憎恨。

听众玛丽·安承认自己是一个好控制、情绪化和喜欢抱怨的妻子。他丈夫的反应非常具有代表性：转身走开、无爱可言。当婚姻看起来马上就要瓦解的时候，她去看了一个比较好的心理医生。这位医生帮助她认识到了她惟一能控制的就是她自己，要想使她们的婚姻转入正常，她首先要做的事情就是改进自己。

> 我一丝不苟地按照那样去做了，开始尊重我丈夫而不是控制他。我做了一个妻子应该对丈夫做的一切充满爱意的事情——经常给他做可口的饭菜；为他擦背；让他去做一些“男人们”的事情，并且不要求他一定带上我，也不为这件事埋怨他；他没有完成我要他做的事，我也不大发牢骚；他把事情做好了，我就恭维赞扬他。
>
> 不管你信不信，他开始用我成为妻子以来一直梦寐以求的方式对待我。我的忠告是，如果你一直不停地埋怨、控制，对周围的一切不满，那么你丈夫就会不愿出现在你身边，也不会愿意用你渴望的方式对待你。如果你爱他、尊重他，用你自己渴望被对待的方式对待他，他就会用同样的方式来回报你。

现在，我听到有些妻子在埋怨，认为这本书是针对她们的。“毕竟，”我敢肯定她们在说，“难道男人就没有一点责任吗？为什么要找我们的错，让我们为他们而改变呢？她为什么不写一本有关‘善待妻子满足妻子’的书呢？哼！”

不，我不会写一本有关善待妻子和满足妻子的书。为什么呢？因为事实是，只要是与家庭和与夫妻关系有关的事情都是女人在控制。这是一本有关怎么聪明而饱含爱情地去控制的书。如果一个女人嫁的不是一个变态的反社会者或者一个自恋狂，那么她必须在心中对“男性包装”有一个基本认识。你的男人最基本的一点是，他是一个非常可人的男子，并且有着简单欲望：想成为妻子的英雄，想成为妻子的梦中情人，想成为家庭的保护者和供养者，想被人尊敬、崇拜和欣赏。男人活着就是为了让他们的女人开心。

一个妻子对丈夫做出的最残酷的事情就是永不开心。不要忘了，开心更多的是一种态度而不是事实。当事情变得糟糕的时候，当出现问题和挑战、失望和灾难的时候，显然开心和幸福就会被淡化。不过，无论怎样，当一个人在天空中找到了阳光从此穿透云层照射出来的那个小洞，那一天都将会是美好的一天。

确实，对任何一个能有所感受的人来说，这都是美好的一天。正如另外一名听众克里斯廷所写的：

> 我也花工夫收拾玩具、梳梳头发、脱下从早上六点就已经穿上了的染了油漆和牛奶渍的衬衫。然后，喷上芳香宜人的香水、涂抹上口红、漱漱口，用一个满怀拥抱迎接他回家。有一段时间，坚持这样做确实比任何别的事情要付出更大努力，但是，我丈夫每天晚上除了回到可爱的家，根本不想去别的任何地方了。

第四章
男人有感情？真的吗？你在开玩笑吧！

很长时间以来，对女人感情细腻、善解人意的男人如果没有得到全部的也得到了很多的关注。这是一件很好的事情。作为一个男人，我从中学到了很多东西；我更是一名出色的听众。但是，做一名出色的听众也有弊端，那就是妻子们认为她们几乎没有责任考虑她们丈夫的感觉。我希望我的妻子也能像我一样从中悟出同样的道理：平等对待、认同我的感受。

克里斯

这是我作为一个妻子的自豪：我从来不对丈夫讲任何憎恨性的语言——即使我在盛怒中也如此。不管我们争论什么，我们的争论都会马上化解，但是永远不使用伤害性的语言！

卡伦

如果大多数人都像卡伦一样，我就没必要写这本书了。但是，通过与我的听众们进行私下谈话（作为一个婚姻家庭心理治疗家）、电子邮件、传真以及通信等方式的交流以后，我觉得有一个非常清晰的、具有警示性的性别虐待画面出现在我脑海里。这种虐待就是妻子对丈夫情感的那种令人震惊的、愚蠢的轻视。它给丈夫带来深深的伤害。

我的一名听众约翰在参与回答我的广播节目中有关男人怎样看待“善待丈夫满足丈夫”主题的问题时，就指出了男人感受到的这种伤痛；而且这种伤痛很可能促使男人们做出愚蠢的事情，比如说在婚外和别的女人发生关系。

> 我的经历告诉我，因为男人好像总是被淫乱的想法所困扰，一天在性方面要想大约七次，所以很可能被某个轻佻女子在特定的时候用特定的语言就……还要我说多一点吗？我认识几个曾经有过这种事的男人，我认为我们必须明白非常重要的几点。
>
> 我认识一些过得幸福的男人曾经有过一夜情（但是后来全都后悔了），但是我从来没见过过得幸福的男人主动有过或者卷入到婚外情之中去。婚外情是由于婚姻中缺少了某种东西才触发和激化的——而且一般不是由于性方面的问题触发的！我了解的婚外情都是在一个男人独自在公园的长凳子上哭泣或者大喝某种“成人饮料”的时候发生的。男人一旦流泪就不会独自一人待下去了。

约翰继续说，他了解到在近二十多年他认识的男人中，有过婚外情的男人其实在放弃婚姻的多年前就已经透露出了他们的不开心。他们的诉说无人愿听，都变成了耳边风。然后，他们就有了婚外情。然后妻子哭诉丈夫对她不公、伤了她的心。

这种情况虽然不是一切婚外情的根源，但确实是一个非常普遍的原因。每次当我和一个刚发生过婚外情的男人聊天并问他，“为什么？”通常他会先说，“我不知道。”然后又改成：“因为她（情人）让我感觉到了自我。”

说实话，这里明显的一个问题就是，男人通常对自己的情感不愿轻易表露，至少不会像我们女人一样表露。作为女人，我们已经习惯了流泪、渴望喋喋不休地谈论“发生了什么”、经常不断地和别人对比自己的感情状况；我们已经习惯了从事情的发展能够使我们形成什么样的感觉这个角度去看待问题，当然也习惯了我们自己认为伤心的理由——由于某某人做了某某事。

相反，男人通常不愿首先讲起自己的感觉。通常，他们在下班回家跨入家门的时候没有强烈的愿望谈论当天心里哪里觉得别扭。他们更多地谈论的是他们已经遇到的或者将要面临的挑战。因为他们不经常哭泣，不像他们的妻子那样非得打电话给妈妈或者最好的朋友千万次地倾诉自己的感情问题。

噢，请不要对我说，妻子们观察不到他们眼中流露出的伤害、他们弯腰弓背中显示出来的压力、他们沉默寡言中蕴含的痛苦、他们因工作过度表现出的恐惧、他们因精神紧张反映出的愤怒。或者是不是妻子们马上把丈夫的痛苦转换成了对他们的恼怒？认为他们这是自私和不解人意的表现？

听众丹内蒂跟我交流了这个问题的真实情况。她仔细讲述了她和她最好的朋友聊天的时候发生的一个故事。正是由于这次交谈才让她醒悟到她对自己对待丈夫的方式从来没有怎么注意过。她问了朋友一个问题，问话结束的时候她说希望她的朋友不要介意她问的这个问题——她并不是用这个问题故意使她不高兴或者伤她的心。她的朋友说："你做的任何事情都不会让我生气或者烦恼。"尽管丹内蒂意识到她的朋友是在半开玩笑，但是同时也意识到她是严肃的。

然后，她开始思考一些有关她丈夫的问题，为什么他总是容易让她生气。她开始仔细思考其中的原因。后来有一个星期她和丈夫又像平常一样吵了起来，最后两个人以一些自卫性的、令人极不愉快的伤人的话而告结束。就在那个时候她突然意识到她也可能使他恼火了。

> 然后，就像脸上挨了一巴掌一样，我突然醒悟了：我一直都是在利用他而从来没考虑过他的感受。我总是考虑我的女朋友的感受，因为我不想让她生气，或者让她恼火，或者失去她的友谊。我是多么愚蠢！我为什么就不能对丈夫有同样的体贴呢？看起来我以前没有关心过他的想法和他的感受。

我一直钦佩那些愿意自我反省、值得信赖、对所犯的错误有悔恨之心，并且愿意改错而不是重复那些令人不快的行为的人。这就是我希望妻子们读了这本书以后能够做到的。如果妻子们不能轻易遗忘她们的自我中心模式（"一切都以我的感觉为重"），也许她们至少能够尽力去思考：呈现在这里的观点会给她们带来比她们想要的还要多得多的东西。丈夫们恶劣的态度、消极的反应和令人失望的行为的主要根源就是妻子们对丈夫以及丈夫的感觉态度不好。这个道理简单明了。

一些订了婚的男人们打电话来问我有关他们未婚妻家里或者婚礼的问题，我甚至开始警告他们，他们现在是怎么被对待的，他们的感受或者观点是否被考虑了，在结婚以后这些会表现得更为突出。一般来说，他们就是不敢相信这是真的。他们认为他们未婚妻的恶劣态度、不解人意和自私行为仅仅是因为与筹备婚礼有关的压力造成的，当前来参加婚礼的人们吃完酒席，婚礼举行完毕以后，一切都会变好。根本不可能。

一位四十岁的未婚女人 J. A. 写信给我谈到了她的女朋友们在筹备婚礼的时候对未婚夫的恶劣行为。她说她们对自己男人的感受漠不关心：

> 似乎她们的手指一戴上戒指（当然，在现在这个时候戒指的大小非常重要），女人们就不会再对丈夫朝好的方面看、关爱丈夫、尊重丈夫。在筹备婚礼的过程中，大多数情况下，男人的意见都会被完全不予理睬。然后女人们就会开始埋怨她们的未婚夫，她们认为自己的男人应该满足她们的每个念头。

杰夫二十七岁，准备两个星期后结婚。他打来的电话正好给我们提供了此类问题的一个绝好例子：许多准妻子对自己男人的感受不予考虑。婚礼并不仅仅是那个穿上婚纱的新娘一个人的事。

> **杰夫：**基本上可以说，我们的房子很拥挤。我们家那边有两个人回复婚礼请柬回复晚了，结果，我未来的

岳母以房子空间太小为理由，要我们别请他们参加婚礼。

劳拉博士： 是房子大小问题还是钱的问题呢？你们总是可以在桌旁多添两张椅子和两套餐具的。

杰夫： 我们已经解决钱的问题了。

劳拉博士： 那么，告诉你亲爱的岳母你们绝对不会不请对你们来说非常重要的人的。

杰夫： 我那样做了。但是我的未婚妻为这件事感到非常烦恼，因为这已经变成了一个“控制问题”——我是否应该通知我妈妈他们不能去。

劳拉博士： 这是一个你和你女朋友之间，而不是你妈妈和她妈妈之间的“控制问题”。也许你需要退一步想想你会让自己陷入什么样的局面。如果你女朋友的妈妈真的是那么具有控制性、那么不解人意，而且你的女朋友总是维护她妈妈，说实话，你已经头脑发晕了。就是在五年后我都不会愿意为你的头脑花上五分钱。如果你的女朋友已经对你的感受和你很在乎的人表示了不尊，我认为，结婚后她不会再对这二者表示任何尊重。

杰夫： 我明白了。

我真的希望他明白了，因为像查德这样的男人很可能就是没有真的明白才导致现在要为此付出代价的局面。

查德和雪莉打电话到我的节目中来谈论他们之间的冲突。他们已经结婚三年，他继养了她的两个孩子，一个十岁，一个九岁。现在的问题是，雪莉总是经常长时间待在她自己父母家中。

查德：我妻子刚回过伊利诺州的春田，在那里我们带着女儿们，和妻子的家人一起度过了五天的时间。现在为了赶上州级交易会，她又在想，而且正在计划回爱荷华去。她计划去十天，所以我们正为这个发生一点小争吵。我认为刚离开了家五天又离开十天真的太长了。我的第一个想法就是让她待在这里，或许在那里度一个周末或者一个为期四天的周末，而不是在那里待十天。

劳拉博士：雪莉，你愿意把自己的二十二美分给我吗?

雪莉：愿意。我所有的家人都住在爱荷华州。我是一个非常看重家庭的人。我和家人在一起生活了一辈子，要我离开他们搬到一个举目无亲的城市去，对我来说太难了。所以，我想尽可能多地过去。

正在谈话的当中，为了让查德听不到我将要对雪莉讲的话，我要查德把电话挂了，不要听收音机。我知道我要让她“明白事理”，而且我认为，如果她不因为查德能听到她说话而感到尴尬的话，她很可能会听进去我所说的话。

劳拉博士：你是怎么想的，我的女同胞?你有一个娶了你、又继养了你的孩子的男人，你好意思对他说你看重家庭就是看重你爸爸妈妈的家庭?这真是个非常愚蠢的想法。你的丈夫才是你的家庭。她收养了你的孩子、把他们当成了他自己的家人。你不断地跑回娘家就是告诉他，他为你付出了那么多，在你的心目中他还是第二位的。你这是心神错乱、你在伤害他。

雪莉：那么，女儿们就不应该去看外公外婆了?

劳拉博士： 你可以随时要她们坐飞机过去住上几个星期，但是你应该留在家里和丈夫一起度过亲密的时光。不要让他觉得一连几个星期你对他不予理睬。我认为你没有理解他对你付出的一切。

雪莉： 是的，但是现在我理解了。我感激不尽。

劳拉博士： 不过你在行动上看起来还不像。

雪莉： 那么我不应该去十天了？

我简直不能相信，听了我说的话以后，她又改回到了她自己的观点。

劳拉博士： 除非你想马上就离婚。我真的不能理解你。你那么幸运。有多少个三十多岁还带着两个孩子的女人能够拥有这么好一个男人来照顾他们呢？你不应该那样漫不经心地对待这件事。

她最终还是没有真正明白应该对丈夫表示尊重或者细心体会丈夫的感受。她的丈夫很可能跌入了我写的《男人搅乱他们生活的十大蠢事》一书中“愚蠢的骑士”这一章所描写的境况中了。在这一章里，我分析了男人们（正因为他们有一种感觉自己了不起和英勇威猛的需求）通常是怎么陷入到一种被贴切地称为“英雄救美”的情形中的。他们认为，如果他们救了那位“美女”，那位“美女”就会满足他们的需求和梦想。但是在大多数情况下，他们最后发现那位“美女”令他们沮丧。在这个例子中，雪莉把自己的感觉放在她自己情感世界的中心位置，而把查德的感觉则放在情感的黑洞深处。

查德请求她留下来——和他待在一起，这已经表现出了他在爱情、在需求方面的感觉以及因为被忽视和冷落而产生的伤害的感觉。他这种感觉的表示不明确会有什么结果呢？如果他大声哭泣、高声叫喊、捶桌摔椅又会怎样呢？如果他喝得酩酊大醉、动手打了她呢？这些感情的发泄是她能够接受的吗？当然可以接受，但是她就会认为他粗鲁、野蛮、残暴、无情无义。

许多已婚男人就被浸泡在这种犹如泡菜的酸水之中。

听众布赖恩表达了他这种苦不堪言的恼怒。他列举了以下四个例子描述他妻子不但全然不顾他的感受反而把所有责任推到他身上的行为。

1. 当他妻子想和她的朋友们一起去干什么事的时候，她说他应该相信她，给她自由。但是，当他想独处或者和朋友在一起的时候，她就会说他不爱她或者不想和她在一起——甚至他邀请她去的时候她还这样说！一切都只考虑她的感受——而不是他的感受。

2. 当她花钱的时候，她认为应该，因为这正是她"需要"买的东西。当她要买什么东西的时候，她应该有花钱的自由。但是当他想花钱的时候，她就会说他不负责任。一切都只考虑她的感受——而不是他的感受。

3. 他们每个星期回她家里两次。但是，如果他想回他家里的话，她就会埋怨他对她家不关心。一切都只考虑她的感受——而不是他的感受。

4. "基本上来说，"他写道，"只有她的选择重要。她把每个周末都安排得满满的，但是我想拥有我们俩单独在一起的时间。她就会说我不支持她。"一切都只考虑她的感受——而不是他的感受。

那么，让我们来谈谈丈夫的感受。听众吉姆写道：

> 尽管我们从外表看起来粗犷，但是大多数男人却有着非常细腻敏感的心理。我认识四个过得非常幸福的已婚男人。他们每个人的妻子都明白满足他们自尊的重要性，总是让他们觉得他们的妻子认同他们。相应地，这些男人实际上把他们的妻子也看得很重。

但是，如果一个丈夫因为他妻子对他的任何事情都进行否定而成为经常被攻击的对象，那么，他怎么能感觉到被人尊重、被人欣赏、被人爱呢？

听众梅莉莎给我写信谈到了她结婚第一年里发生的一件事情。她和她丈夫在另一对夫妇家吃饭。那位妻子开始抱怨她丈夫，梅莉莎同样也开始抱怨她自己的丈夫。她没有意识到的是，尽管她丈夫在另外一间屋子里，他还是听到了一切。

那天晚上，当他们蜷伏在床上的时候，他对她提起了此事，并且告诉她，听到她那样说他，他真的很伤心。她感到非常懊恼，反复向他道歉。而且就在那一刻，她下定了决心，和那一群骑在丈夫头上“作威作福”的女人在一起的任何时候，她都要不断地赞扬自己的老公。

“就像男人的肚子需要被家里做的美味佳肴填满一样，”她写道，“男人的自尊也要被‘美味的食品’填满。我已经发现，如果我对丈夫说好听的，那么我就能听到好听的。”

我相信女人们通常所受的教育都是轻视“男性的自尊”，

把男性的自尊说成是虚伪、幼稚和软弱。女士们，“男性的自尊”和我们自己的“身体自尊”有什么区别呢？我们的丈夫非得说我们的身体（特别是大腿、臀部）完美无缺，而且我们穿牛仔裤显得一点都不肥，因为（1）我们不愿听真实情况，（2）我们不敢面对自己的真实状况，（3）如果他们对我们说实话，我们会伤心，会认为他们小气、不解人意。然后，两个人的关系就会急剧下降。

作为女人，我们都希望因为自己的形体在整体上看起来可爱而具有吸引力。作为男人，他们也希望因为自己拥有供养家庭、满足妻子性欲的杰出才能，因为自己拥有面对挑战和保护家庭的勇气和领导才能而在我们面前显得具有吸引力。他们有这个需求，而且在我们面前更有这个需求。

妻子的一个眼神、一句批评比监狱集中营里的严刑拷打更能够轻而易举地挫败丈夫必要的、对自己的勇气和重要性的自信感。抵挡得住后者显示了男人的勇气。但是男人能够抵挡得住前者却不容易：妻子的认同就跟氧气一样重要；缺乏妻子的认同却能过得下去的男人没有男子汉气概。

正如伊娃自己所描述的，她就是一个能够使丈夫不具男子汉气概的妻子之一。她写到，自从他和丈夫有了孩子之后，他们的婚姻使人感觉他们是为了照顾孩子才走到一起的两个人，而不像一起过日子的夫妻。她对丈夫充满了憎恨，埋怨丈夫“不理解她”、“没有做什么让她感觉幸福和满意的事情”。

当她最终认识到“我丈夫是一个有他自己的理想、欲望、失望和需求的人。在我认为他不理解我的时候，我也根本没有对他表示理解。除了他做的错事之外，我甚至都没有正眼看过他。”

大多数女人在婚姻中都是压迫者，远不是被压迫的对象。在我的记忆中，在我和婚姻出现了问题的两口子进行私下咨询的时候，仅仅只有那么几个妻子对丈夫感情的流露表示了豁达、理解和同情。一般情况下，妻子的反应都是震惊、愤怒、责怪、威胁和哭闹。这就是压迫，先生们。

伊娃对丈夫充满了感激，她是仅有的那么几个妻子中的一个：

> 一天晚上，在我又抱怨了某些事情之后，他开始吐露真情，向我倒出了许多我从来没听说过的事情。我第一次看出了他工作的压力，他作为父亲作为丈夫作为一家之主的压力；他感到工作的压力、他感到过于劳累、不胜体力。这是一个痛苦的、自嘲的独白，我以前一定对他造成了很大伤害，一定生了他许多次的气——但是出于某种原因，这一次我被他内心深处的感情震撼了。
>
> 我没有考虑我自己以及我对他所说的话的反应，我只是在思考他原来的态度怎么会是那样，他感觉多么无助和恐惧。我真正感受到了对他以及他的处境的神会和关切。

在随后的日子里，伊娃完全站在丈夫的角度继续听丈夫谈他自己，为了帮助丈夫，她给丈夫提出了许多建议。她过去几乎剥夺了丈夫打高尔夫球的自由，但现在鼓励他像以前那样去打高尔夫球。她曾经认为（1）如果他爱她，他应该想和她在一起，（2）他应该做家务、带孩子，（3）她自己需要休息。她承认，她从来没想过他也许需要休息。

这就是她从积极的角度看她的丈夫、对丈夫的感受，显示更多尊重的开始。

> 现在，时隔几年，我们俩都互相更加关心对方，更愿意去满足对方的需求和接受对方的观点。令人高兴的是，因为我的改变，丈夫看起来似乎也没有那么差了。是因为我的态度令他高兴而使他变得更加可爱了？还是他从一开始就真的并没有那么差呢？

两者都有。

为了更进一步明白妻子对丈夫的幸福是多么至关重要，对丈夫的感受和男人的自尊经常进行观察和思索会使我们受益匪浅。下面列出的清单是从无数封电子邮件中精心挑选出来的对上述观点的有力证明：

- 男人需要让人感觉他强大、被女人当作保护者的心理需求——就如同童话中那样，击败七天怪，拯救仙女。
- 每个男人最想从女人那里得到的就是——使他感觉他是强大有力的一家之主。我这里并不是要男人对女人举止粗暴、拽着女人的头发实施控制，而是说男人要成为家里的领导者。
- 男人渴望得到自己女人的尊重、友情和爱情。
- 男人渴望一种被人高看的感觉，高看他并不是为了让他低看任何人，而是为了让他知道他在自己女人的心目中占有最重要的位置。
- 男人需要自己的女人向他表示：她的一生都需要他的力量赖以生存。

- 男人必须是家里的主要经济支柱。每个男人都有一种赢得战斗的需求，用以证明他的强大有力和战胜生活中出现的一切艰难险阻的能力。辛勤工作、供养家庭、保卫家庭就是他们的战斗。
- 男人有一种想作为一个有能力的男人、丈夫和父亲而得到妻子的认同、欣赏和尊重的需求。
- 男人需要妻子对他的爱好表示兴趣，特别是某种她也许“不懂”或者不喜欢的活动。妻子陪在他身边对他来说非常重要。
- 男人需要下班后妻子热情、充满爱意地迎接他。
- 男人需要妻子关心他每天的工作和生活。
- 男人需要他能够满足妻子的性欲。
- 男人需要妻子鼓励他成为真正的男子汉。

在我着手准备写这本书的开始阶段，我收到了一些女人们对男人表示反感的来信。在信中，她们表达了对男人的“感情”这一概念的极度厌恶，她们认为男人的感情“匮乏”。当然，如果丈夫已经伤害了两人之间的感情或者无感情可言，那么，妻子就不再是问题的焦点，而是必须受到关心的对象。我感到非常愤懑的是，那么多的女人竟然没有“感觉”到她们想或者应该关心自己的男人。然而，他们对丈夫的热切期望却是无穷无尽、坚定不移。

事实上，男人可能在感情上更渴望从妻子那儿得到反馈，而妻子对丈夫的这种渴望可能没有丈夫的强烈。女人们愿意向妈妈、朋友、邻居、同事、亲戚、发型师、指甲师和大多数媒体倾诉自己的感情以获得理解和同情——也不管能不能得到。正因为她们喜欢绕开自己生活中最亲近的人而向关系很远的人诉苦、求援，女人们一般都很少在感情上依赖丈夫、向丈夫倾诉获得理解。这当然也能部分地解释为什么她们对丈夫的感受不太关心，或者没有把丈夫的感受当一回事儿。

男人不愿诉苦；他们更愿意自己解决问题。一般来说，他们倾向于从工作的成功中、从妻子的幸福中得到一种被人赞许的感觉。这就更要求我们做妻子的对他们的幸福负起责任，不仅仅是心甘情愿而且更要主动积极。所以，用一种“妈妈腔”对这个成熟的男人、孩子的父亲和家里的主要经济支柱说话，好像他们是顽皮而不懂事的孩子，正好与他想拥有一个敬畏他的家庭的想法背道而驰，他们就是想因为自己的为人和对家庭的付出而得到家庭的尊重。

正如听众约翰所写：

> 一个男人想尽力做一个好丈夫，任何事情都不会使他感到气馁，只有不管他怎么做，妻子都不满意的时候，他才会感到气馁。令人伤心的是，我认识许多有这种感觉的男人。我感到非常欣慰，我和一个相信我、欣赏我的妻子生活在一起。她越说她爱我、尊重我，我就越想做一些令她高兴的事情回报她，我自己感觉也就越好。我相信每一个人都能做到！

另外一名听众劳埃德给我们提供了他自己对男人以及男人的感觉的看法：

> 男人，不管是丈夫还是单身汉，不像女人那样愿意把自己的想法和感觉说给别人听。我们认为没有必要拿

我们的感情去打扰别人。我们只是自己处理自己的感情。如果确实有什么需要做，我们就去做。如果确实有什么需要说，我们就说出来。

大多数情况下，我们就是不想应付我们说出自己的强烈感觉以后的后果。我们不想去解释我们自己。我们只是思考，然后进行调整。妻子们必须鼓励丈夫说出自己的感觉，而且让他们感觉说出以后不会有什么后果，不会遭到妻子的指责，说他们愚蠢、不善解人意。让我们好好谈谈。对我们表示支持。允许我们有和你们不一样的观点、感觉和思想。

大多数写信给我对他们的感情表达问题、进行讨论的男人们都持有同样的观点。听众肯写道：

通常情况下，当我对她所说的话或者所做的事感到愤怒，准备冒冒失失表达我的感情的时候，她就随意说我是因为劳累过度，或者说我又来老一套，却怎么也不考虑我的感受。这就好比一个男人看到一个正在生气的女人就对她说："是不是每个月的那个时候又来了！"

另外一些男人写信来说，当他们真的想发泄一下的时候，他们的妻子总是会找出理由说是他们的错！她们会说出所有她们能想出来的理由，从说她们的丈夫性欲太强一直到说除草机又坏了。

不幸的是，女人对男人感情的不闻不问这个陈规陋习反而成为了理所当然的事情。在我的广播节目中，没有哪一天我没有和一些妻子或者女朋友对这个问题进行激烈的争论。

下面是几个电话的简要摘录，它们说明了如何对待男人这个问题的严重性。我引用了一些电话的细节并且加上了注释，因为这样可以更清楚地说明女人对自己男人的感情不予以理睬和尊重这个问题的主要原因。

第一个电话与妻子对原来家庭的错位忠诚有关。丹尼尔结婚十年，有四个孩子，他们夫妻关系紧张的中心问题就是丹尼尔和她的姐姐一直是“最好的朋友”。她说，她丈夫和她姐姐两个人都很有主见和坚强的个性。她姐姐和姐姐的女儿连续好几个月（注意：这里没有丈夫）来看丹尼尔的妈妈（她妈妈住在附近），所以她的侄女就经常过来和丹尼尔的孩子们一起玩。这样，丹尼尔的姐姐只要在她想来的时候就可以来丹尼尔的家，而且好像还顺理成章了。但是，丹尼尔的姐姐和她的丈夫相处不好，问题就出来了。

劳拉博士： 如果他们水火不容、相处不好，你必须尽量将他们之间的隔阂最小化。

丹尼尔： 我明白。

劳拉博士： 而且，说实话，如果要做出选择的话，你显然应该选择你的丈夫。他是孩子们的父亲。你没有必要让他感觉在你姐姐和他之间，他的地位在你的心目中是第二位的。如果你姐姐不能为了你们的婚姻改变自己的看法，对你丈夫态度好一点，那么她就不是你真正最好的朋友。也许你和你姐姐可以坐下来好好谈谈，你可以告诉她，请她在到你们家来的时候不要争吵——尽量友好一点，因为你需要家庭的宁静。

丹尼尔： 但是，他有时候对她不好。

劳拉博士： 我不了解她是否真的遇到了这种情况。

这是他的家，也许你没有对他表示足够的尊重。你丈夫和你姐姐现在有什么问题呢？

这个时候，事情变得更加有趣了。侄女几乎几个星期甚至几个月以来都表现出过分的行为。丹尼尔和她丈夫对孩子们的举止行为都有规定——这是很正常的事情——结果是，丹尼尔的姐姐和丈夫发生了冲突，因为她丈夫想（合理地、负责地）在他自己家里严明纪律和规矩。

劳拉博士：你姐姐把你家当成孩子的日托中心，不但不表示诚挚的谢意反而跑过来当着你丈夫的面发牢骚，这也太肆无忌惮了吧？你没把她赶出去？

讨论到这里的时候，丹尼尔开始笑了起来——也许是由于紧张而笑，但是我相信，主要是因为她意识到她已经被我抓到了把柄，她正在做一件连她自己都知道是错误的事情：她被她姐姐吓唬住了，因为她极度渴望姐姐的友情，完全没有考虑因为她对她自己以及她和丈夫的家庭缺乏防卫心理而带来的毁灭性的影响。

丹尼尔：我知道你会说……这可不是开玩笑的。

劳拉博士：不，这不是开玩笑的。你有一个婚姻，但是你并没有去珍惜它。你觉得你对你姐姐的热情高于对你丈夫的热情，这很好玩吗？你怎么能抱着这样的态度维持婚姻呢？是不是婚姻对你来说根本就不重要？

丹尼尔：重要。

劳拉博士：那么就拿出行动来吧。

关心朋友或者家人的感受胜过关心丈夫，这并不是一个不常见的情形。女人似乎总是认为她们的丈夫能够、愿意，并且应该承受大量的责骂，而且还要继续工作！

第二个电话与许多女人对被“控制”的过度敏感有关——甚至对丈夫的某种感觉也过敏。瓦莱丽打来的电话，虽然并不少见，却简直就是一个笑话。她没有选择一个朋友或者亲戚凌驾于她丈夫之上，但她选择了一只猫！这个问题应该是一个严重的动物过敏性的问题（在这些情况下，过敏性问题更加典型），但是在瓦莱丽的情况下，问题是猫对她的丈夫充满了极度的敌意，不断对他发出嘶嘶声、攻击他。我对此事感到太震惊了，以致我的反应充满了纯粹的讽刺。

瓦莱丽：我知道这件事听起来很愚蠢，因为谁会把一只猫看得比丈夫还要重呢？但是这里我碰到的问题是我不想扔掉这只猫。我不知道应该如何处理。

劳拉博士：你好像已经找到了解决的方法——让你丈夫感觉难受，感觉他并不重要。我想这真的是一个好办法。这是让一个男人真正地、可爱地和你联系在一起的最好方式——免费的讽刺。

瓦莱丽：我知道——我知道这可能就是他的感觉，因为我刚刚给他打过了电话，他是这样说的。

劳拉博士：但是我们做妻子的知道，丈夫的感觉怎么样并不重要——只有我们想要的、我们需要的东西才重要。听着，我已经阅读过了所有有关女权主义的资料。男人就是压迫者，很明显他会想方设法控制你。在这个方面，他真的就是一个坏家伙。你要给他教训的最好办法就是买更多的猫回来。

瓦莱丽：我知道。但是，你知道，这正是我的一些朋友们说的。

劳拉博士：不管他们承受什么苦难，男人必须要和一切使我们开心的任何事或者人和睦相处，是吗？他无权拥有自己的感情，无权提出要求，无权过得舒适一点，无权要你在他和一只动物之间做出选择，是吗？他根本就没有权利。他只是一个雄性的高级动物。

瓦莱丽：不……他不仅仅只是这个。

劳拉博士：那他怎么从你这儿知道这一点呢？

瓦莱丽（笑着说）：我知道，我知道这就是他的感觉。我想到了你刚才说的那个办法。我不明白他为什么对一只猫的问题显得那么懦弱无能呢？那又会怎么样呢？它又不咬他。

事实是：他在感情上受到了困扰（一只猫和一个非得在他和猫之间发生争论的妻子），他太被轻视了。我问她，她怎么能这样轻视他的感觉，而且还希望他根本不在乎她的感觉。

我考虑有两个原因。要么她非常虚伪，被宠坏了，而且像个傻瓜；要么就是还有更重要的问题需要挖掘。我猜想是后者，果然我的猜想是对的。

劳拉博士：告诉我，你为什么觉得他受到了伤害或者困扰对你来说无关紧要呢？

瓦莱丽：嗯，我想是因为我并不想受到控制。是的，我不喜欢别人要我干什么就干什么，但是现在，不管我喜不喜欢我非得去做。

劳拉博士：好了。当你想要某种东西的时候，你认为你丈夫一定想要控制吗？

瓦莱丽：没有。

劳拉博士：噢，瓦莱丽，你没有说真话。你心里是这样盘算的：你想要某种东西的时候，你不认为是控制。你把它叫做是合理的要求，如果他爱你的话，他就必须同意。但是他一旦真正这么去做了的话，你又把它叫做控制。你知道，这才是你的真实想法，因为你担心你的那些女朋友对你说，你已经变成了一个受压迫的女性。你来自一个憎恨男人的生活环境。

瓦莱丽：是的。

在结束电话的时候，我告诉她，她需要一个更加健康的朋友圈，一种在夫妻关系中更加健康的、相互迁让的心态。而且，她必须给她那只桀骜不驯的猫找一个好的地方。

第三个电话反映的问题的焦点是妻子为了创造一幅完美的画面，让每一个人都感觉更舒服，因而想控制每一个人的问题。吉娜丈夫的父母在他只有两岁的时候就离了婚。显然，她丈夫和她丈夫的父亲从来没有建立过什么亲密关系。

吉娜：我的问题是，如果我不把我的公公列入他孙子的生活中，从道义上来讲是否正确？我丈夫反对我这样做，而且非常伤心。

劳拉博士：你为什么要让这个“公公”和你的孩子搅在一起而破坏你的婚姻呢？为什么让一个远方的陌生人和你的孩子在一起比让你的婚姻更加坚实更重要呢？

令人吃惊的是，她否认那是她的目的。我们在讨论中指出，她知道她让丈夫烦恼生气了，但是她没有引起重视。令人难以相信的是，许多女人在按照她们自己想要的方式设计生活的时候，她们都这样说“是的，他生气了”，而不是帮助丈夫去面对这种方式的真相。

吉娜：一个破碎的婚姻不是我所希望的。

劳拉博士：那么，不管你这样做的初衷是什么，不要再去纠缠这个问题了。

效果出来了！

吉娜：那么……重要的是要看他对他父亲的态度怎么样了。

嘿！有突破！否则，我会那样去想……

吉娜：在某些地方，他是否应该表现出足够像一个男人呢？

劳拉博士：噢，上帝。我不敢相信你会说出这样的话。你甚至认为，你丈夫决定与他那个一直不在他面前露面、不和他生活在一起的、敷衍了事的精子捐献者断绝关系，他就不是一个男人了？

吉娜：我想这是我想要的最完美的画面。我就是不喜欢正面冲突。

劳拉博士：那么，如果你足够像一个女人的话，你就知道怎么处理了。你感觉穿在你脚上的鞋子怎么样？

吉娜：我感觉疼痛，但是我还是能够承受。

第四个电话与我称之为“世界只在我肩上”的综合征有关。安娜是一个家庭主妇，她有四个孩子，年龄从十五个月到十一岁不等。

安娜：最近，我对丈夫感到愤怒和憎恨。他真的是一个非常好的男人。他白天的工作时间很长，晚上为了让我留在家里他还轮班。我感觉他好像是另外一个人，想从我这里得到什么别的东西。

劳拉博士：安娜，你还记得你结婚的日子吗？

安娜：记得。

劳拉博士：除了漂亮的结婚服装和礼品以外，你还记得你的誓言吗？是什么誓言？

安娜：爱他、尊重他。

劳拉博士：如果你觉得厌倦或者烦躁了，那些誓言被中途修改成你不必爱他或者尊重他了吗？

安娜：没有。

劳拉博士：你想维持婚姻吗？

安娜：想。

劳拉博士：那么，你必须让你的丈夫感觉他将回家、回到一个把他的感觉和需求都看得很重的女人身边。他必须回到家中、回到一个对他为家庭所付出的劳动有所回报的女人身边。

安娜：最近好像我们只是彼此比较礼貌——随着又一个宝宝出生，我们真的很辛苦。

劳拉博士：是的，是比较……但是这不成问题。每天两班倒的工作、回家面对一个愁眉苦脸的妻子和四个需要照看、疼爱的孩子，这确实非常辛苦。你知道，他也能够处理这些事情。但是说实话，你自己需要恢复与修养，希望每天付出的劳动能够得到回报。我告诉你怎么才能得到这些：当他下班回家走入家门的时候，拥抱他、亲吻他，如果他喜欢吃甜食，给他干果巧克力糖。告诉他，你是多么感激他，为了能让你待在家中和孩子们在一起，他整夜在外加班加点、忙得团团转。这样，你会看到这个疲惫不堪的人马上就振作精神为你去做这做那……做一切你想要他做的！包括做爱、极度放松、擦脚、泡澡、和孩子们一起玩——所有的事情。你会明白我说的都是对的。

安娜：是对的，谢谢你。

第五个电话涉及在抚养和管教孩子方面的不同观点。克丽丝的丈夫认为他们十五岁的女儿不应该晚上出去看足球赛，因为她出去得太多了。具有讽刺意味的是，尽管克丽丝也认为女儿出去得太多了，她却已经允许女儿去了，正好跟她丈夫的决定相反。

我注意到他们俩并不是真正的意见不统一。我建议他们说，也许他们应该在宣布这个决定之前就作为一个整体私下地共同做出这个决定。

克丽丝：我想惟一的问题就是我们经常意见不一致，而且每次这样的事情发生的时候，他都会说我不支持他，好像我和孩子们总是在和他对着干。

劳拉博士：也许他说的真是对的！也许你在保护着“你的小女儿”，给予她想要的一切，通过这样做，你就可以绕开你应该尊重丈夫的意见和决定的义务了。

克丽丝：这是一件坏事吗？

劳拉博士：是的，因为在这个屋子里，摆在第一位的、首当其冲的关系就是你和你丈夫之间的关系。这是你女儿以后在她自己的婚姻中做出决定的时候记得最牢固的关系。如果她看到你厌恶男人，很可能她也会这样。另外，由于被宠坏了，将来事情不能顺她的意的时候，她就会在生活中遇到很多困难。十几岁孩子的社交生活应该适度。

克丽丝：是的，我同意您的观点。

劳拉博士：那么，如果你同意我的观点的话，你根本就不会经常跟他争了。我想你必须更加诚实一点说出实话，你为什么总是在女儿，也许还有别的孩子们面前做“好人”。

克丽丝：现在听起来你站在他那边。

劳拉博士：是的。但是你却做出来了。你主要是在想让孩子们“喜欢”你，而不是想在抚养孩子方面和你丈夫一起成为家长伙伴。现在开始和他一起携手，否则，他会因为你根本不在乎他的意见而负气出走。

克丽丝：是的，他会负气出走。

如果一个做了妻子和妈妈的女人不能让丈夫感觉到照看孩子已经足够使她们产生成就感，这对婚姻将会产生生死攸关的作用。一个节目参与者和她丈夫一起打电话来对这个问题进行了申述。我不敢相信她不但对他那么蛮不讲理、那么粗暴，而且还希望他对她现在的体型、每一个部位的尺寸和线条都毫无怨言——不管你信不信，这都成为了她要打电话给我的原因：埋怨她的丈夫没有为她做什么！有一个女人听了这个电话之后，写信给我：

一开始，我就感到非常吃惊，她竟然当着他的面因为这种事情指责他，现在在这里说实话——还当着你的面！从我的真实情况来说，我意识到，令我感到吃惊的是，我对丈夫竟然说了一些可能对他造成伤害的话或者事情。当你说这种行为对丈夫太残酷、太具有侮辱性的时候，我觉得真是说到我的心坎儿里去了。我真的想哭。

你还对那个电话参与者说，她不应该只想到要丈夫怎么更加爱她、关注她。相反地，你说，她应该把全部身心集中在丈夫身上，给丈夫关心和疼爱，突出丈夫在家中的重要位置，这样，丈夫就会自动地给予她回报（因为男人“没有女人复杂”）。

当你谈到男人离开自己的妻子投向那些能够使他们感觉良好的女人时，我都吓坏了。当你对这个女人说，如果没有了一个供养家庭、爱护孩子的父亲，抚养小孩将会是多么困难时，我意识到，我永远都不想陷入这样的情形。

谢谢你，劳拉博士，谢谢你让我自己看清楚了自己的自私、自我中心和恶劣行为。今年情人节的时候，我一定会做一些有利于我和丈夫关系的事情：用与花在女儿身上同等的精力去滋养丈夫和我们的婚姻。

男人的感情表露方式跟女人的并不一样，不像霓虹灯那样引人注目，这是事实。但是，这并不意味着男人就没有感情。女士们，你们不必用眼睛去看他们是否有感情。用你们的心去想。从他们的角度去想——就好像他们正拿着小型照相机对准你一样。想一想他们一整天的生活，想一想他们面临的挑战、困难、威胁、问题、沮丧、恐惧和精疲力竭，你就会知道他们对这一切都有感情上的反应。

再想一想他们在家里要面对的情况，你知道他们对这一切也有感情上的反应。每一个人，任何一个人都会有这样的感知。

这就是一个换位思考的问题。妻子们必须接受和允许自己的丈夫有他们自己的感情、关心和关注的事物。设身处地地想一想。不要用女人的感情表达方式去困扰你的丈夫——只是设身处地地想一想，而且相应地在行动上表现出对他的理解、怜爱和支持。

我已经跟无数的女人说过这种话。我要她们去想像任何一个正常人在一天的工作或者劳累奔波之后的感觉。他没有必要为了让妻子对他表示理解和关爱而把一切表露出来。男人没有必要把他们艰苦生活的每个细节都展现出来。他们只是需要充满爱意的支持和对他们的绝对信任。

我收到的最令人伤心的一个故事是有关一个医生的。有一天，他给一个小孩做完了心脏手术。之后，问题发生了，他必须对小孩接下来的一个长达两个小时的紧张的麻醉复苏过程承担责任……但是最后失败了。小孩的妈妈由于过度悲伤对这位医生进行了人身攻击，企图让他窒息而死。

这对一个医生来说更是一种重大的损失和情感的折

磨。当我回到家里的时候，妻子因为我弄丢了那天晚上准备好出去玩的时间安排表对我大发脾气；当我向她解释有一个小孩病人心脏停止了跳动时，她竟然对我说："对不起，我们现在可以走了吗？"

有关这件事情的详细情况我们再也没有谈到过，而且我对这个灾难的感受她从来也没有关心过。我试图告诉她那件事情真是糟糕透了，可她的反应是："好了，我们一直在等你，现在我们走吧，我不想听你的任何借口。"

不用说，我们一起谈论的事情越来越少。我总结一点就是：记住，你的丈夫也是一个跟你一样有着情感需要的人。把他当一个人来对待吧。

这个故事因为涉及了一个孩子的死亡而震撼着人的心灵，但是不管你丈夫干什么工作，他都是带着故事和感受回到家里的。家里有人关心这个吗？作为这一章的结束，听众比尔写道：

我第二次结婚，与一个跟我的第一个妻子截然相反的女人结了婚，这使我带着痛苦意识到了善待丈夫和满足丈夫的重要性。

我内心知道，我的妻子爱我。从她对待我的方式中、从她看我的眼神中、从她关心我和孩子的行动中，我知道她爱我。他听我谈论我的工作、我的问题、我的梦想，当我提问的时候她给予我回答。我心里知道她关心着我的一举一动。

为了我的妻子，我愿意上刀山下火海。我感觉她爱我。最重要的是，为了回报她给予我的爱、给予我的关心、给予我的满足，我要让她幸福终生。这种回报发自我的内心，也是我一生中最为美好的感觉。

劳拉博士，你的提问是男人最想从妻子那儿得到什么？对我来说是内心感觉到有人真正地关心着我、爱着我；我对她来说极为重要。只有从妻子的行动中我才能感觉到这一点。她对我说的话犹如一种沙沙风声，而她为我做出的一切就好比轰轰雷声。

所言极是。

第五章 “嗯？亲爱的，你刚才说什么？这是什么意思？”

女人对那种读不懂自己心思的男人往往感到失望。我想，能认识到男人就是他自己，就是一个男人，是一个女人最难做到的事情。男人是与女人有别的人。他们的思维方式不同，他们的感觉不同，他们的交流方式也不同……但是，他们并不能因为不同就算是犯了错。他们穿着自己油乎乎的汽车修理装进行修理和思考的样子也很英俊。

玛丽

我过去常常出于本能地希望我的丈夫表现得像个女人，而且经常因为他的思维方式、他的感觉、他的需求、他的行为以及他的交流方式跟我的不一样而感到非常沮丧。经过了很长一段时间，通过与我的爸爸进行多次讨论和读了一些书以后，我终于明白他就是跟我不一样，我必须接受和允许这些差异的存在。

凯瑟琳

凯瑟琳继续警告说，像她这样的年轻女人，由于曾经被“洗脑”，因而认为男人和女人在很多方面（“还有其他女权主义长篇大论的方面”）都一模一样，现在最好是变得聪明起来、清醒起来，认清真实情况。她说，自从她领悟到了应该期望从男人身上得到什么才是合理的这一点以后，她的生活变得越来越好了。

这是非常重要的一点。期望的结果和真实的状况之间的差别越大，感到的失望、伤害和愤怒通常也越大。因此，拥有现实的期望这一点非常重要。然而，在夫妻世界里，女人往往容易对她们的丈夫产生非常不合理的、不现实的期望。当女人不能接受或者尊重男人们独特的男人气质和举动时，这种情况就会发生。

听众丹尼尔在一家电子公司工作，他从一个工程师的角度跟我谈到了男人和女人之间的区别。他投来的稿件主要由一张长方形控制平台的照片组成，这个平台被平均分成顶部和底部两部分。顶部只有一个一开一关的开关插座。底部有大约四十个插座和罗盘面板，其中两个插座上有一开一关的开关。有人已经在顶部贴上了男性、在底部贴上了女性的标志，用以嘲笑女人是多么复杂，有那么多复杂的、精心安排的必需品，相比之下，男人是多么简单。

如果女人们能够毫无积怨地接受男人们天生就有不同的交际风格和必须履行的责任这个事实，那么她们的婚姻关系就会更好。我意识到，这看起来好像是我在把交际问题的重担放在了女人们的身上，但是，也许我这样做有充足的理由。对女人来说，言语的交际更为重要，对她们的心理状态起着关键的作用——而且，看起来，这种言语的交际都是以打电话的形式出现。男人和女人之间的区别在子宫就已经开始。首先，胎儿的脑袋完全一样。然而，大约在妊娠九个星期的时候，睾丸素开始在男性（XY）胎儿的体内产生，把一般的发育方向改向了男性。

至于交际方面的特点，男女之间的这些差异早在儿童时代就有明显的表现。有关儿童发育的研究已经证明儿童在行为上的差异在一岁的时候就已经产生。在一个调查研究中，在孩子和他/她的妈妈之间设立了障碍。由于想回到妈妈身边，男孩子会努力绕过或者越过障碍，或者干脆把它打倒。男性对困难倾向于身体力行，而且旨在解决问题。但是，女孩子就会用言语来表达她的困难，妈妈则会马上过来把她带走。女性对困难倾向于用言语表达。

当孩子渐渐长大，家长们注意到她们的女儿能说会道，简直令人难以置信，而且通常具有高度的戏剧性。这些同样的家长注意到她们的儿子是“寡言的男人”，却有许多行动。显然，在男人和女人之间存在着差异。不过，这种推论有它存在的一个理由：它们代表了大多数人的想法，揭示了夫妻之间的焦点问题，因为这些夫妻想努力用一种促进夫妻感情和婚姻的方式进行沟通。

我听到的妻子埋怨丈夫最典型的例子之一就是妻子埋怨丈夫不愿意坐下来谈事情。我问她：“谈什么事情?”回答一般都是：“事情就是事情。每一件事情、任何事情。”然后我问妻子为什么丈夫能够谈，而且愿意跟她谈……任何事情对她来说非常重要，她会毫不避讳地说：“因为这样我们能够贴得更近……更加恩爱……更加亲密。”

当妻子穿着比较性感的衣裳上床，给他们做一个三明治，再准备一瓶啤酒，或者建议他们和朋友们去打几局高尔夫球，男人们会更加感觉到妻子和他们贴得更近、更加恩爱、更加亲密；当丈夫做完了妻子吩咐他们做的事情，送了充满浪漫情调的礼物，或者耐心地听——而且不加任何评论——妻子无数次地讲述同一个有关她与一个朋友、亲戚或者同事之间的旧怨的感情故事，妻子们会更加感觉到丈夫和她们贴得更近、更加恩爱、更加亲密。

很多女人打电话来抱怨她们与丈夫之间的沟通问题，我提醒她们的第一件事情就是也许她们并没有和丈夫进行真正的沟通，而只是把丈夫当成了女性朋友或者心理医生等倾诉对象；她们认为丈夫应该表示出兴趣和赞同，而且不应该对她们进行批评、表示质疑。丈夫们则（非常愚蠢地）认为他们的妻子正在对他们说一些他们本来就必须知道的事情，因为他们的妻子肯定需要他们对所说的事情付诸行动。要不然，男人们就会想不通这种“沟通”为什么要发生。这使他们感到很困惑、很沮丧，然后他们就会退避三舍。这个时候，妻子就会认为他们不解人意，这对他们来说实在太不公平。

因此，女人在和丈夫进行交流沟通时所犯的最大错误就是，认为她们的丈夫应该是她们最好的像“女性”朋友一样的倾诉对象。在我对女人们提醒这种错误的时候，她们中的大多数人都非常反感，好像我在剥夺她们的某种权利。我告诉她们这就是一种错误的期望。当她们不想接受这个观点的时候，我就劝告她们，她们的方法是绝对行不通的——事实的依据就是她们的婚姻中已经存在太多的积怨和太远的距离——也许她们真的必须尝试一下把自己的丈夫当作男人来对待，这样她们就会看到与现在的对待方式不同的效果。

听众约翰似乎不能明白女人为什么不能理解男人以及和男人的沟通方式：

我和一个女人拍拖了几个月，不管我们开车到哪里去，如果我们俩的谈话中间出现了间歇，她就会问我："你在想什么？""亲爱的，我没想什么。"这种回答对她来说永远不够，然后在剩下来的约会时间她就生闷气，想方设法报复我的这种"男人驾驭"——或者别的什么事情。

我对她说，男人不够聪明到边开车边思考问题，这句话对她来说就像火上浇油。

我们在看着飞鸟、看着绿树、看着马路尽量远的地方，以便确保没有人闯红灯将我们都撞死；边开车边思考，同时还要应付回答问题使开车的难度远远超过了我们能够承受的能力。

如果一个男人告诉你他没想任何事情，他很可能真的没想。

我就是不明白这个事情为什么就那么难以理解。

女士们，如果你总是认为你丈夫的沉默就是对你有意见的信号，那么你就会经常偏离轨道。其实，他很可能并不是想拒绝你什么（除非在他对你吐露心声的时候你的情绪反复无常），他也不是在按捺什么隐秘的伤痛（因为男人通常不去反复考虑那些伤害和失望的感觉）除非你发现他睡觉少、喝酒多。

现实情况是，妻子们经常因为沟通问题把丈夫搞得一筹莫展。大多数与丈夫沟通的动机最好是经过个人慎重考虑，按照轻重缓急三思而行，挑选真正有交流（联系）价值的事情进行沟通；最好是直接触及问题的实质，选择较好的时机和恰当的方式进行沟通。

听众玛拉承认她喜欢把“任何事情”都说给丈夫听：

我说给丈夫听的事情包括我对人、对事以及对天气的看法，等等。我不掩饰任何感情。从他的角度来看，我就是在怨天尤人、大发牢骚。但是我不这样认为。我认为我只是在和丈夫“交心”。然而，我开始注意到他似乎越来越不想和我说话。

多年以后，他鼓起了足够的勇气面对我，告诉我我都变成什么样儿了：我简直在把他当作垃圾堆对待，好像他的工作就是接受我倾吐出来的烦恼。

自从我开始首先把问题向上帝倾诉，并且在向他“倾吐之前”尽量处理好自己的情绪以后，我们的家庭、我们的婚姻变得更加幸福了。当我有问题向他讲的时候，他比以前更愿意听了……因为他现在再也不会经常受到倾诉的轰炸了。

这时候我想起那部戏剧性的电影《莫扎特》。莫扎特刚刚指挥完音乐演奏会的管弦乐队，正在为国王演奏他自己创作的一首曲子。他的主要竞争对手跑到国王跟前对国王说，这首曲子好是好，就是“注释太多”。

对莫扎特而言，这不是事实；但是对许多妻子来说，这确实是真的。我的一个听众特丽证实了这种观点：

我也认为，我们做女人的在和丈夫交谈的时候说得太多了。我们说他们从来不愿听我们说，但是让我们面对事实：我们通常在交谈的过程中说了太多的细节以致他们失去了兴趣！

我说的是真的，如果他们给你讲述他们看过的足球赛中发生的每一个细节，你会想听吗？如果我丈夫这样做的话，我肯定会感到非常厌烦。他可以告诉我他喜欢的球队是否赢了，而且他还可以给我讲比赛中最精彩的表演，但是如果他还要多讲的话，我就会昏昏欲睡了。

如果我们删去一些细节，更多地问问他们一天的生活（然而，这是不带必须回答的压力的提问），我们之间的交谈一定会更加双向化，更加令人开心。

这也许是妻子们最难以接受的观点之一：作为一个改进交谈的方式，她们必须在交谈的时候删去细节。在某种程度上来说，妻子们已经形成一种观念：在交谈的时候，说得越多越好。错。选择的内容、方式和时机越恰当越好。

听众库柏作为一个妻子就领会到了这一点。她已经结婚四年，不外出工作，是两个孩子的妈妈。女儿三岁，儿子一岁。她说她已经学会在丈夫下班回家之后、她要打扰他之前，至少给他半个小时休整。在那一段让他解除压力的时间里，她不会要他谈任何事情，也不会主动说她自己一天的事情，更不会埋怨他享有这么一段“暂时停工时间”。

换句话说，她让他得到了完全放松。没有那么一段解除压力的时间，剩下的整个晚上，他都会觉得精神紧张、不愿交流。现在，在吃饭和晚间活动的时候，他比以前喜欢聊天了。这个时候，她就可以问问他，和他谈谈一天中各自的生活了。

库柏承认，要遏制自己想在他一进家门（似乎他就没有辛苦的“一天”）的那一刻就把一整天的情况全部对他倾诉的急切愿望还真得做一番斗争。但是现在，为了能让他乐意听，等待稍微长一点儿的时间也变得越来越容易了。

听众罗伯特的妻子也学会了缓解自己急于交流的冲动。

> 当我独处一段时间以后再回到楼上的时候，我感觉非常轻松，而且已经做好准备“听”她说话，这样每一个人都感到更加快乐。有时候她还会说几句时髦话。如果她准备好好跟我聊聊，她首先会告诉我，她不需要我为她整理或者解决任何问题——那也就是暗示我，我只管听就好了，她真正需要的就是我愿意听她说话。

这些对丈夫的恩爱举动中，有的是出于智慧和实践，有的则是来自成熟。听众纳塔丽亚已经认识到，她必须学会好好控制自己的情绪。她懂得，作为一个女人，她更倾向于情绪化，更容易情绪变化不定，使得丈夫难以接受。她说：“有时候，我必须控制自己的情绪，不让它迸发出来发泄在丈夫身上。”这就是成熟所致——认识到作为女人，我们应该对自己的自身状态负责，我们丈夫的惟一生活目标不是应付我们反复无常的情绪。丈夫的需求不应该被妻子冗长的言语攻击所淹没，他们的情绪应该得到尊重。纳塔丽亚继续说：

> 一旦我独自彻底地全面考虑好了自己的情感，我就可以告诉丈夫我的感觉了，但是在我说的时候我能做到非常理性（真行!）。我想我在感情方面已经开始成长了，而且已经完全不会对临时出现的新情况、想法以及明显的困难做出过激的行为……我只是做出客观的反应。

那么妻子们怎么会认为交流必须通过言语呢？一个拥抱、穿过餐桌的一个热切的眼神、一个微笑、一个亲吻——这些都是交流的方式！它们没有通过言语来表达，但是，它们却是强有力的交流方式——就像画面往往比言语包含更多内容一样。

我想，对许多女人来说，心服口服地接受这个事实和那些举动，还存在一些障碍。其中之一就是，对她们来说，言语的交际是一种控制形式，夫妻关系就是靠这种形式所维系：一种权力的斗争。然而，如果这是真的，夫妻关系真的是权力之争，那么丈夫通常很容易就会被制服！妻子所需做的一切就是让丈夫在身体上感到惬意，然后她就会取胜！我的一个听众凯利对这个问题理解透了——这使她感到高兴，这给她的婚姻带来了益处：

> 我认为，女人的需求大多数都是精神上的，男人的需求则是身体上的。我每天特意抽出二十分钟的时间与我的丈夫进行亲密接触。我想，大多数女人都认为，由于一整天十二小时都要满足孩子们的要求，这个时候与她们的丈夫在一起谈心的事情可以被临时搁置。这是很大的一个错误。把我的婚姻放在第一位，我的两个儿子也将受益于这个坚实、幸福而健康的家庭。
>
> 我的丈夫经常对我说他是多么幸运，因为我们有着固定的“单独相处的时间”（这也正好满足了我的部分情感需要），不管我们是做爱还是互相按摩。有时候，我们就是互相抱在一块儿！
>
> 我想，在当今的婚姻生活中，我们绝不会被人当作楷模——这是多么令人伤心的事情。行动起来吧，女士

们！一天抽出二十分钟时间算什么？放弃权力斗争……结果会使你大为震惊！你的情感需要将会得到满足，你的家务活也许还会得到额外的帮助！

“权力斗争”问题是问题婚姻的核心所在。男人对女人普遍的不满是：她总是埋怨，从来没有感激之情，永远难以让她满意。女人对男人普遍不满的是：他不善解人意，不能满足我的情感需要，不愿意做任何家务。这种互相埋怨周而复始、接连不断，最后丈夫感到不高兴、妻子觉得沮丧失望。丈夫和妻子都过得不开心。

然后，他们一起去看心理医生，但是令人悲哀的是，大多数心理治疗工作都是由抱着这样的观点的人在主持：传统的观念应该抛弃，男人不是好东西，女人是在受压迫。他们的治疗要么是劝丈夫支持女权主义，要么就建议离婚。一位名叫肯的听众证实了他们的这种观点，他写道：

针对我们的婚姻，我们尝试过几乎所有的方法（比如说，指导性的书籍、磁带，个人诊所，等等），我总结的经验就是：整个社会都坚持认为，怎样用一种女人能够理解和消化的方式与她们进行沟通，完全是男人的责任。看来，只有丈夫愿意改变自己的真实性格，调整到他“阴性”的一面，而且学会怎样用与他妻子一样的方式进行思考、行动和“感知情感”，他们的婚姻关系才能得到积极的改善。

如果男人有任何与女人不同的愿望和感知，那是因为他们在性格上自私、迟钝和粗鲁，而且如果要使家庭保持宁静的话，他就必须摒弃自己那些还算得上“阳刚”的性格特点和行为。

当我在广播节目里和那些极度沮丧、感觉情况不可扭转的妻子们交谈的时候，我劝她们做出如下看来似乎不可能的行动：拟定新的计划、抱着新的态度继续前进。

通常情况下，女人们是很难做到这一点的；就像大象一样，我们有着非常长久的记忆……有关伤害的记忆。但是现在，我真的认为有些行为和举止是不能容忍的：虐待行为、家庭暴力、吸毒成瘾、与人私通。不过，这些问题一般来说都是例外，不是普遍情况。我会问电话里的妻子，她是否选择离婚。一般来说，考虑到她的将来、孩子、经济状况和长久的对往事的回忆，她会说不。然后，我会建议她不要计较令人不悦的陈年旧事和最近受到的伤害，下定决心做出与往常不同的事情。

但是，男人们也许会在无意伤害的情况下做出一些愚蠢的事情。听众杰夫在来信中揭示了这一点：

> 女人们必须要认识到：我们很可能做出一些愚蠢的事情。但是我们做这些事情对她们并没有任何恶意，也不是对她们进行人身攻击。如果我们做了这些事情，我们不希望妻子以牙还牙。我们自己也经常感到非常尴尬。我们需要宽容。
>
> 我们男人经常逃避与妻子产生的冲突，但是我们这样做并无任何敌意；如果妻子不能宽容，这只会使他们感觉犹如俘虏，从而产生更深的憎恨。不管是在婚姻内还是在婚姻外，宽容是通向成功人际关系的一把钥匙。如果值得的话，你应该给予宽容。

在我与节目参与者的广播交谈中，我不常用宽容一词；取而代之的是，我和她们谈论放手以便能抓到别的什么东西，比如说希望。我劝告女人们，虽然就这样继续往前走并不意味着那些久远的、痛苦的记忆和情感不会时常浮现脑海，特别是在比较悠闲或者压力重重的时候；但是，她们不应该因为对此有所感觉就总是把它们表现在行动上。

让她们知道，并不是每一个想法、每一种感觉都需要表现出来或者落到行动上，这是要向她们揭示的主要观点。事实上，走向成熟过程中的一部分就是学会分辨什么是涉及自身内部的、什么是涉及他人的问题。最好的选择就是按照听众加里所说的去做：

> 女人们不是很能够宽容人。她们永远不会忘记失望——而是像堆积木材那样堆积那些失望。女人们喜欢脱口而出，特别是在看起来似乎“非常突然”的时候，或者在为那些看起来不相关联的问题感到痛苦的时候。

这种明显的宽容心的缺乏就是一种我在前面提到的权力斗争中的武器。这种武器能够得到使用有如下的几个原因：

- 作为对真正所受过的伤害或者想像中的伤害的报复，有意伤害对方。
- 作为一种为了重新获得控制权而降低对方地位的工具。
- 作为颠倒事情真相的手段，当女人不愿意为她所犯的错误承担责任时，她们把自己变成受害者。

具有讽刺意味的是，女人在想（幸福地）维持婚姻的同时，她却又不能“放手”并且“继续前进”，因而使自己陷入不幸的境况之中。

也许女人应该宽容她们丈夫的第一件事就是……让他们做一个真正的男人。听众苏珊娜写了一封长信谈到了她第一次婚姻的失败以及从中吸取的教训，正是由于有了这些教训，她在三十七岁第二次的婚姻至今为止状况良好。原则上，她承认婚姻是一件多头的工作，她必须要做到的第一件事就是理解男人和女人之间的差别。她阐述观点说，据她的认识，问题是女人既需要强大的男人作为坚实的供养者，又希望这样的男人像一个女朋友一样和她们喋喋不休：“我们希望他们‘在情感上和我们产生共鸣’，也就是说，我们想要把他们变成女人。”她仔细谈到了她最近观看的电视里播放的一部电影中的一个场景。在这个场景中，丈夫在尽力安慰她的妻子，他说：“我不知道应该怎么办。你身体上又没有哪里痛，但是一个男人惟一能理解的痛正好是身体上的痛。”

苏珊娜写道，看到这里，她和丈夫笑得差一点从沙发上掉下来了。

另外一名听众凯里和她的丈夫写下了如下感想：

> 我觉得有趣的是，我总是因为做了一些一个男人认为非常自然的事情而遭到指责。事情看起来似乎是这样：妻子希望我在保持阳刚之气的同时又具有女人的性格。

他继续阐述了他和妻子对这种期望和交流发生争论的一些主要观点。坦白地说，这些观点听起来都非常普遍：

- 我妻子经常对我说，我从来不愿意听她说话。在大多数情况下，我其实都听了——但是却没有听出她的话中之音。男人通常简单得就像白纸黑字一样。男人痛恨说话隐藏某种意义，女人则通常喜欢话里有音。
- 女人为一点点小事就生气，而且经常因为男人一点儿也没有为她们着想而感到悲伤气馁。因此，她们形成了一种我们不关心她们的印象。
- 女人们经常喜欢说呀说呀说呀，就是为了发泄情感上的不快。男人自然而然、出于本能地就进入了解决方案，而且想尽力解决问题、结束问题！我们出于本能地希望保护自己的家庭、确保家人的生活安全。我们只希望帮助妻子。

如果女人只是简单地认为她们的丈夫有着本能的男性特征，而且对这些特征不持反对态度，那么她们之间的争争吵吵就会减少很多。凯里得出一条结论说，女人倾向于反击男人的这些天生的特征，反击的程度远远超过男人反击女人的天生特征。我认为他是对的。

事实上，男人和处于一种“单性”心态之中的女人总是会存在权力斗争。只有当女人们对自己拥有而男人却没有的优点感到高兴的时候，而且对男人拥有而自己却没有的优点也感到高兴的时候，她们才会变得更加快乐，在婚姻的沙箱中发挥更好的作用。

女权运动一个不幸的后遗症就是，它缺乏对女性特征和男性特征的独特性以及特殊性的尊重。许多女人正在为了重新获得对她们自己女性气质的尊重而奋斗。对于她们接受和欣赏男人气质的能力来说，这肯定是一个良好预兆。

我的一个听众沙拉·梅，当她参加了一个名叫“女人的周末”的宗教活动之后，她就开始了重获女性尊重的旅程。有了这次经历之后，她开始明白男人和女人之间的基本差异，也开始明白她曾经在丈夫身上寄予了他实现不了的希望。同时，她也开始认识到，总是苛刻要求、批评丈夫，表现痛苦的样子，完全与她对一种幸福、恩爱、长久、一起到老的婚姻关系的构想背道而驰。

她决定尝试一下新的观念，然后她向我反映说，她觉得比以前任何时候都爱得更深了。

> 我现在发现他真正吸引我的正是我以前觉得反感的他个人的魅力，他的男子汉气概，他那种从容不迫、安然平和、友好善良的举止。过去，我不但没有意识到这些优秀品格在促进家庭团结方面的作用——相反，我却是一个情绪反复异常的家庭伙伴。我从全新的角度把他身上所有我喜欢和欣赏的特点列成一个清单，通过日常生活中每一个小小的举动把我对他的爱和欣赏传递给他，让他感觉到他是我真正的英雄。
>
> 我又重新感受到了做女人的最好感觉……他也是一样！
>
> 同时，我也学会了更多地依赖与女性朋友之间的感情联络。我过去总是热切希望丈夫能够成为我感情上的依赖对象，其实这种期望大错特错，因为作为男人他在本性上就不可能像女人一样深入到感情的深处。

这也就是说，如果你的丈夫没有对你说一些你认为他应该（因为你看了太多的表现女性主义的电影才认为他应该）说的甜言蜜语，你就必须看他做了什么。当你看到他为你铲除了你汽车挡风玻璃上的冰块时，你应该知道那就是爱的语言。男人是由行动做成的。行动是男人进行交流的主要方式。

听众玛吉说，她丈夫不太表露感情、也不善交流；但是她对现在的婚姻相当满意，而且深深地爱着这个她认为非常有爱心的男人。这种事实是怎么形成的呢？非常简单。她是一个非常聪明的女人——她领悟到了男人更多地是用行动而不是语言来表达他们的感情。

> 也许他不会像我希望的那样经常对我说他怎么爱我爱得神魂颠倒，我漂亮得如何令人难以置信。但是他会提前打电话通知汽车轮胎修理部，在上班的时候离开工作地，在修理部等着我，帮我把新轮胎换到我的车上去。我没有要他这么做，但是他就是这么做了——而且是专门为我做的。我体会到他在轮胎修理部的前面向我大声呼喊：“我爱你，宝贝儿！”我感觉我是一个真的女皇。多年以来他一直为我做这些。我必须睁大眼睛，好好体会这些行动的真正内涵。

如果一个丈夫说，他的爱的表达方式就是上班挣钱供养家庭，他很容易受到质疑。当然，即使他单身未婚的时候，他也一直在上班，克服拥挤的交通、战胜公司里出现的小人之举。是的，那时候他很可能在做着同样的事情，但是，他没有那种为自己的女人和孩子而工作所产生的同样的责任、同样明确的意图、同样的牺牲精神和同样深厚的感情。

男人不仅用行动和身体语言进行交流，他们也用这种方式进行爱的信息的接受。如果妻子不顾一天的生活多么辛苦、感觉多么疲惫，用身体将丈夫紧紧裹住，丈夫就会坚定而明确地认为，妻子爱他、需要他、欣赏他、认同他，而且他会有一种非常强烈的安全感。听众彻丽尔投稿时做出了如下聪明的表述："如果他感到妻子爱他而且受到了尊重，剩下的关爱和满足他的事情就很容易做了。"

如果妻子想和丈夫交流什么重要的事情，最有效的方法就是像白纸黑字一样简单明了的方法。那也就是说，忘掉那些微妙的暗示。听众马克抱怨说："妻子总是做出暗示，就是不说她到底要什么。如果我想要什么，我就直说。妻子总是旁敲侧击，而不简单地说：我要这个……'"。

有一个听众写信来说，她丈夫总是忘记周年纪念日和生日。她没有"大发雷霆然后两人扯平"，她认为这并不能表示他对她的忽视——这只能说明，作为一个男人，他不拘小节，他做着更大更重要的事情。她开始谈到了他们结婚纪念日以前的几个月：

> 微妙的暗示对我们来说毫无作用。直接说："噢！六月二十四日就是我们结婚二十五年的纪念日了。我们应该出去玩玩。"这下，起作用了。我们就要到阿拉斯加去了！

令人伤心的是，许多女人陷入了一种相信荒谬的浪漫的逻辑之中。她们认为："如果他爱我的话，他应该知道我在想什么，我喜欢什么，他应该对我说什么……"但是真实的生活更多需要的是一种个人的责任感。有一位听众来信说：

很长时间以来，我希望丈夫能够了解我的心思。我以前认为："我不相信他竟然对我问那样的问题！难道到现在他还不知道我喜欢什么吗?"我说的喜欢几乎包括所有的东西，从我最喜欢的颜色一直到做爱的时候我最喜欢他摸我的地方。我以为，我用某种微妙、间接的方式对他说，他就肯定能明白我的心思。不，不对。我现在已经学会了说出我想要的东西，放弃了那种使我们俩都感到失望的游戏方式。

如果丈夫不能明了妻子的心思，判断妻子的情绪，对妻子的每一个想法都做出回应，这并不意味着丈夫就不爱她，或者丈夫就是一个不善解人意的笨蛋。这更表明他是一个正常的男人。

有时候，这些"正常男人"想和妻子交流但是又没有进行交流……主要是因为他们害怕。

男人经常有一种置身于"做了会挨骂，不做也会挨骂"的处境。那也就是说，如果他们不说出心里的想法，他们就会遭到指责；如果他们说出了心里的想法，他们也会因为"没有说对"而遭到训斥。

听众劳埃德给我写了一封饶有趣味的信，谈到了这个问题：

妻子继续评价，"你从来不愿跟我说话!"或者"你不懂!"

但是当丈夫问："怎么了，亲爱的?"我们经常会得到这样的回答："如果你不知道，我就不告诉你!"

嗯？！

女人们经常说，男人不像他们一样对感情细腻、敏感，她们说得对；但是她们却又总是完全忽略了她们的这种聪明才智。

如果妻子真的想要丈夫理解她们，她们应该表明自己本能的想法，并且真实地告诉我们，我们应该懂得哪些东西。妻子必须告诉丈夫，她们在想什么，感觉怎么样，还有什么疑惑。而且她们最好是用单音节或者双音节词的简单陈述句。

例如：

妻子：亲爱的，今天我剪了头，而且做了个发型。你喜欢吗？

（相信我，我们男人都知道怎么正确回答这个问题。）

不要说：亲爱的，你注意到有什么不一样吗？

（嗯？然后当我们问，狗到哪里去了的时候，妻子就会大发雷霆。）

另一个例子：

妻子：我今晚想去看电影。

不要说：亲爱的，你今天晚上想干什么？

（当我们回答："亲爱的，待在家里看电视。"的时候，妻子会顿足生气，一直持续到下一个星期。）

劳埃德的信中最后一行就是，他希望妻子们能够最终"领悟"到，男人，不管是丈夫还是单身汉，他们的想法和感情跟女人的不一样——说实话，他们通常认为，根本没有任何必要用自己的感情问题去打扰别人。他们只是自己应付解决。如果真的有什么需要做的话，他们就回去做。如果有些事情需要说，他们就说。他们大体上都愿意保守自己的想法并且做出适当调整。

但是，男人愿意向妻子敞开心扉的最大问题就是，结果往往不令人满意；这也是我在婚姻咨询所给他们进行私下心理治疗时经常看到的一个问题。妻子喜欢纠缠着这个可怜的、倒霉的人表露他的感情，然后她就可以采取报复、向他发起猛烈攻击，指责他大错特错（在感情上?）、不解人意、愚蠢、小气，等等。

这种场景已经上升成了一种正当的老规矩。它主张一种我在访谈节目中谈到过的观点：只有在丈夫的感情无论如何都威胁不到自己的时候（就好像他“感觉”她总是忽视他，把所有的时间都花在孩子身上或者给她妈妈打电话上），女人才关心丈夫的感情或者恭维他们。大多数妻子真的不想关心丈夫的感情，她们只想知道她们的丈夫对她们是抱着积极的感情的，而且她们的丈夫只有对她们才会产生感情，等等。丈夫的任何其他妻子们不高兴去面对的或者不便处理的感情通常都会遭到压制。承认吧，这是事实。许多女人已经陷入了一种“在我的感情之前不会有任何感情”的模式。这是一种以自我为中心的观点，如果对丈夫还有任何真情而言的话，妻子们就必须正视这种观点、与这种观点做斗争。

格伦的怨言一针见血说明了这个问题：

人际关系的每一个权威机构都说，如果你和配偶出现了问题，那么去面对它。跟他们去交谈，让他们了解你的感受。但是每当我进行尝试的时候，我妻子都会非常明确地向我解释为什么我不能有这种感觉。如果我认为两人之间出现的问题与她有关，她会找出每一个理由来说明我的想法是错误的！

我们已经结婚三十五年，她还是不能理解为什么我把自己关闭在学习中，避免和她进行任何深入的交谈，为什么我不愿和她交流自己的感情。我不是一个白痴，我是一个有着三十年工作经验的退休教育工作者；但是，随着时间的推移，我已经退缩到了一种极不重要的地位，这使我的身心受到了严重的影响。

我爱我的妻子，和她一起把三个孩子抚养成人，而且我对她绝对忠诚。如果在我说话的时候，她不反复打算怎么进行“防卫”而是听我说，并且把我说的话听进去，我们的生活会过得非常幸福。

他的信使人感觉多么心酸、多么痛苦。经常情况下，男人都不愿意说出自己的感受，因为他们的妻子不愿意让他们说她们——这些妻子们——不想听的事情。所以，丈夫们都被迫闭上了自己的嘴巴。然后，他们闭上了自己的情感。接着，他们把妻子也关闭在外了。我已经收到了无数丈夫写来的信件，他们都表达了和格伦一样遭受的痛苦。值得我们注意的一点是，这里面的大多数丈夫都还说他们爱自己的妻子和家庭，忠诚可靠，而且没有离家出走。这简直就像在说一只受过虐待、但还是忠于主人的小狗！

丈夫是否只是表现得像一个真正的“男子汉”，还是已经真正从与难以对付的妻子的交流中撤出来了，有一种“巴顿技巧”可以使一个男人“敞开心扉”。一个“真正的男子汉”罗伯塔听众写信说：

我感到非常沮丧的一件事就是，当我不愿意和她交谈——或者我还没有想好怎么措辞表达自己的观点，而且不使我的观点带上她的个人色彩的时候，她总是坚持要我挖掘出一个回答或者一种观点。我相信，对大多数男人（我当然在这类男人之列）来说，要进行言语上的表达需要一些时间。有时候，我们需要开始进行粉刷房屋、玩接球游戏，或者其他体力劳动以后才能找出正确的词语进行交流，或者决定放弃交流，避免“死在那座山上”。我真的希望我的妻子能给我时间“无声地”进行思考。

罗伯塔的信表达了一个重要的观点。我相信大多数妻子都愿意对丈夫恩爱、有帮助，但是如果她们不考虑丈夫“阳性”方面的本质特征，她们就会经常好心办坏事，最终对丈夫造成伤害。妻子们习惯于刨根问底地询问丈夫遇到的问题和他们感情方面的事情，男人们则通常不喜欢别人询问——竖着耳朵听就行了。

因为男人在本性上就不愿意“敞开心扉”诉说自己的感情，所以，如果用问题对他们进行轰炸，把他们向前推进、推进、推进，这只会适得其反。让我们又回到“男性气质”这一点上来——大多数情况下，丈夫们只希望有人听他说、有人拥抱他、有人支持他。这也就是说不要把事情想得太复杂，或者不要像听众加里写的那样：

不要把男人说的什么事情都放到“女性主义过滤器”里去进行过滤，然后排除你认为的、他的真正意图。男人的请求和建议从来没有得到过妻子的迅速回复；它们首先必须被放到“女性主义过滤器”里进行过滤，以便找出男人所说话语里的真正含义。然后，男人就会因为他原来根本就没有说过的伤人的言语而遭到谴责！

女人应该相信男人所说话语的本身含义。但是，女人都倾向于把男人想得很复杂，其实男人本身并没有那么复杂。妻子们应该给她们的丈夫一点间歇时间，应该尊重“男人”的方式和女人的就是不一样的事实，不要把这种男女差别看成是不足之处。

另外一名听众查理对这个问题阐述得非常清楚：

对意见的不同缺乏尊重看来是一件令人感到沮丧的常见之事。我发现，有些女人认为，如果我和她们想的不一样，那是因为男人都是只有一个心眼儿的死脑筋，他们愚蠢、总是出错。女人们一般来说很难忽视和忘记骂人、侮辱人。如果我认为我的观点和感受只要有一点点不合乎女权主义的主流意识，我和妻子交谈的时候就会格外小心。

令人悲伤的事情是，如果一个男人喜欢这种操作方式，而且试图尽力磨平他妻子不屑一顾的锐利的男性棱角，那么，他的妻子会把这个她亲手培养出来的懦夫更加不放在眼里！

下面列举的是一些妻子和丈夫沟通的时候经常容易犯的错误。这些都是由男性听众所提供的：

- 女人在想要什么东西的时候擅长使用暗示的方法。如果我没有想出来她要什么，那么她就会认为我不善解人意、不关心人，或者健忘。如果她们提出一个很简单的要求，比如说："请你帮我做一下这个或者那个，好吗?"我就会非常明确她希望我做什么。而且，那些主张对感情要非常敏感细腻的女人们通常只是对她们自己的，而不是她们丈夫的感情或者需要细腻。
- 我不知道如何分辨我妻子是在征求我的意见呢，还是在发怨气。比如说，她对我说她没有完整的时间做饭。我就提出带我们十六个月大的女儿出去散步。我妻子非常气恼，说我不理解她。如果她告诉我有什么问题，我就会找出一个解决办法。但是我又怎么知道在什么时候她只是需要我听一听呢?……而且在没有吃饭的前提下。
- 我结婚三十二年，然后离婚了。男人必须在事实上或者在女人心里还几乎没有形成任何意见之前去了解一个女人的需求和想法是什么。男人不善于解读女人的心思；不要发牢骚，但是有时候你必须直截了当。女人必须以一种非常特殊的方式和丈夫交流重要的事情，这样，丈夫就会给予特别的关注而不会把它当作普通的、一般的事情来对待。做出一些不同寻常的举动，比如说，牵着他的手说："我们需要讨论一件对我来说非常重要的事情。"
- 一个男人早上醒来，还没有被别的事情打扰，这时候他头脑里想的事情可能就是这样："嗯，我今天干什么呢？我可以弄弄车什么的，或许老婆和我可以去干点什么——我不知道她想干什么？如果她忙的话，也许我可以去找某某（朋友的名字），看他在干什么……”这里没有任何一点恶意。然后，妻子走进来说一些诸如此类的话：“嗨，你今天去干什么？整天都待在车库弄你的车？好，要得。我就去找别的事情来做。你知道，我们再也不要有任何时间在一起了……胡说！瞎说！废话！”这个女人到底真正想说什么呢？很可能是：“今天我想和你，我爱的男人，待在一起。我喜欢和你在一起，我想你。”但是，假如女人说：“我已经认为你对我毫不关心，我没有必要承受这一切。”男人会有什么想法呢？他的反应是什么？“嘿，亲爱的，我还没有喝咖啡呢。你为什么抱怨一些我根本还没有做的事情呢？我在被迫犯一桩我没有犯过的罪行，不管你现在想怎么做，我有一种被人操纵的感觉，而且我讨厌这种做法。”女士们：直截了当吧！

- 如果你有什么事情想对我们当丈夫的说，那就开门见山、直入主题，不要拐弯抹角；直接告诉我们你想谈什么，比如说，对孩子的管教、消费习惯，或者你对我们不满意的事情。不要对我们发出很难理解或者不太清楚的暗示。如果是这样，我们必须保持警觉，弄清楚这是一个很普通的还是一个非常重要的交谈。比如：错误的说法是：“你这个周末花了多少钱打高尔夫？（暂停）打高尔夫难道花钱不多吗？（暂停……沉默……很长时间……）你为什么总是不谈谈钱的事儿呢？”正确的说法是：“我们需要谈谈钱的问题。我担心我们的花销太多了。”

- 男人不善于解读女人的心思。许多次，我处于一种显然我做错了事，但又不知道什么时候做错了什么事的境地之中。我只是从家里的气氛中感觉到肯定有事做错了。沉默的处理方式就是对事情的一种完全泄露。当我问妻子怎么了，或者我做错了什么，她总是给予同样的回答：“没什么。”事实上，我告诉过我妻子：“如果我不知道问题是什么，我就不能去解决问题。”现在，我们的生活比以前好多了。

许多女人已经把男人们提出来的问题转危为安，读完她们的来信使人感觉欢欣鼓舞。听众玛丽已经和丈夫结婚十年，现在（在四十七岁的时候），她开始反省长久以来她是怎么对待和为难她丈夫的。她做出结论，解读她的心思并不是丈夫应该承担的责任。她过去常常认为，因为他是她丈夫，他就应该自动地、魔幻般地知道她的感受怎样，她的需求和欲望是什么。她现在感到非常羞愧，因为她曾经总是希望丈夫能够懂得她的心思，这使她在心里慢慢对丈夫产生了反感，而且表现在言语上了。

如果装着他的干净内衣和袜子的洗衣篮在楼梯角边放上好几天，我就会非常恼怒，因为我希望他能知道我想要他把它们收拾好。回想起来，我感到非常震惊。现在，我只是告诉他，洗衣篮的衣物是干净的，问他是否愿意在下次上楼的时候把它们带上去收好。他二话没说就做了！

当她意识到她丈夫事实上从来没有有意激怒过她，她为之生气的许多事情只是一个她对丈夫的行为或者无行为怎么理解的问题时，我相信玛丽一定偶然发现了某种非常重要的东西。

你说得对，劳拉博士，关爱和满足丈夫真的是一件很简单的事情。我必须停止把想说的话埋在心里，从而使它复杂化。

真正相信丈夫把妻子的幸福放在心上，真正相信丈夫不会有意伤害妻子或者让妻子失望，能够在消极的事情里看到积极的一面，是妻子能够对丈夫产生好感的主要关键。听众凯丽写到了她与丈夫在这些问题上的转折点。她记得有一次争吵（但是她不记得为什么争吵了！）之后，她气冲冲地到另一间屋子里去了，坐在那里烦躁不安。她想，如果他爱她的话，他就会出去给她买花，因为犯了错误的人是他。他一分钟没有带着花进来，她一分钟就气得冒烟、板脸，因此也就证明他真的不爱她！后来，她意识到，这样对他们没有任何好处，她是想在婚姻上"赢取"对方。

然后，她开始想丈夫喜欢什么，接着出去到商店给他买了巧克力牛奶和鲜花。回家之后，他们进行了一次非常愉快的谈话，谈到了所有他们互相尊重的方面，最后意识到他们的争议是多么的不重要。

听起来很简单，做起来也并不难。对丈夫好取决于你的为人准则。不要总是想着你还有什么没得到，把两个人的关系变成像拔河一样（你提出的要求越多，他就离你离得越远），努力给予他一些你自己也喜欢的东西。从他的角度去看待生活。把你的内心话说出来，对你不会有什么妨碍。告诉他你是多么感激他辛辛苦苦工作撑起这个家，不要总是抱怨他回家吃饭又回来晚了。

同样重要的一点是，不要反复说像“我已经抓到你的把柄了”这样的“恭维话”。如果你在一开始就选择了一个优秀高雅的男人，假如你能把注意力放在给予上面，而不是放在对回报的抱怨上面，你一定会得到许多由丈夫回报给你的爱。因为你们的婚姻会更加牢固，你和丈夫也会过得更加幸福。

听众亚力克西斯写来了一封信，非常生动地总结了整个与交流有关的话题。她谈到了如何善待和满足丈夫，同时又能得到你想要的东西——当然，你想要的东西必须是合理的。亚力克西斯自己家里曾经经常发生过一个问题，这个问题是大多数家里经常发生的：要丈夫做一点家务，或者多做一点家务，不管是打扫房间还是修修补补都行。

亚力克西斯曾经做过大多数妻子做过的事情：争吵、生气、埋怨、威胁、指责和惩罚。但是没有一个奏效的。有一天，她感到非常厌倦，深深地吸了一口气之后，她用一种非常真诚、恩爱的口吻说：“亲爱的，我想知道，我要你做一点家务的时候，我是不是要你做得太多了？你是不是尽你所能做了最多的家务呢？还是我应该来做这些？”丈夫回答说，“不，我应该做得更多。”这正合亚力克西斯的意，她说：

“好的。”

> 本来这个事情可能闹得更大，但是就在那时，我想起了：我们已经为这件事争吵得太多了，却也没有产生任何作用。女人必须聪明一点儿。我们必须让丈夫感到，我们爱他们，以一种我们自己希望他们爱我们的方式爱着他们。我丈夫以前埋怨我总是盯着他没有做好的或者没有做的事情。男人也有心理感受。

于是，亚力克西斯的丈夫不像以前那样绞尽脑汁取悦她了。她马上调整策略，以一种积极的方式接近他，就像我们在前面谈到的一样：“你如果记得把垃圾带出去，我会非常高兴！谢谢你！”

有些妻子也许想不通，为什么她要为他“应该”做的事情谢谢他呢？因为，这毕竟也是他的家呀，女人又不是奴隶……然后所有不好的想法和感觉都接踵而至，破坏整个一天的心情。其实，对于他们所做的一切，每一个人都应该得到并且需要得到感激和赞扬——不管这些是不是他们的职责（要不然，我们为什么要给战士和其他类型的英雄发奖章呢？）正如亚力克西斯所说：

> 我越从肯定的角度去行事，越把他做的事情当成大事，他就越愿意做。如果你赞扬他们所做的事情，人们都会做得更多更好。当我用这种方式对待他时，他就不会再对我有戒备之心了。

顺便提一下，她丈夫在做晚祷的时候经常说的第一句话就是：“上帝，感谢你赐予了我一个好妻子。”

最后，我想把罗的建议清单赠给那些想和丈夫成功交流、愿意善待和满足丈夫以及她们婚姻的妻子们。他说，大多数女人都没有意识到她们想从丈夫那里得到想要的东西是多么容易。下面是他提出来的一些要点：

- 男人是被诚实而不是被操纵（埋怨、强迫、喊叫、哭泣或者感情勒索）所打动的。
- 如果妻子提出的要求太复杂，我们要么会忘记要么就会失去兴趣。所以，如果妻子提的要求真诚、短小，我们通常会把这些要求变成事实。
- 我们心甘情愿为我们所爱的人像专家一样地解决棘手的问题。如果你们把我们当成专家，我们很可能会因为自我完美的需要，立刻就会变成专家。
- 用一种恩爱的方式要我们做事，可以保证你们会马上而且轻而易举地让我们满足你们的要求。如果还有足够的回报（感激、深情、认可、敬佩）的话，我们会为了这份回报的深刻意义付出一切——几乎跟狗一样地忠诚地付出。
- 如果你们要我们做事，请注意分心的事情会发生：紧急情况可能降临，障碍也可能成为分心的因素。如果你们还是以那种恩爱的方式提醒我们你们原来提出的要求，我们马上就会恢复正常。

听众加里把上面的一切做了总结：

善待和满足丈夫？做一个值得他尊重的人。然后，用一种你从未受过伤害的心态去爱他。最后，让他来回报你。

这就是我们最需要交流的观点。

第六章
什么是性？

我认为女人把身体当作控制男人的工具。一旦结了婚，她们进而使用其他工具。回过头来看，我认为我们的夫妻生活中似乎有这种情况。女孩子们应该更加矜持，妻子们应该不要太矜持——在和丈夫在一起的时候。与我的观点相反的是，事实上单身女人露腿露胸，妻子们却穿得像爱斯基摩人那样严实。我在谈恋爱约会时看到女朋友的裸露皮肤比我结婚后看到妻子的要多得多——结婚时我还是个童男！

鲍勃

我的妻子真是绝了，她说的对极了："性对男人就像说话对女人一样，非常重要。一个妻子几天甚至几个星期不和丈夫做爱，就等于丈夫几天甚至几个星期拒绝和妻子说话。"这样去想的话，妻子们就会认识到强制性的禁欲对忠贞不二的好男人会造成多么有害的影响。

赫波

我们需要更多的性生活。一天一次都行。

斯蒂夫

如果要我列出关爱和满足丈夫的一些原则，第一条就是……做个“女孩儿”。听起来很简单，不是吗？显然，妻子是女性、女人，更应该是女孩儿。那么，要做个女孩儿到底应该做些什么呢？做许多事情。

结婚后，特别是生孩子后，太多的女人都会得上“邋遢综合征”，这种综合征包括穿绒料睡衣和短袜子，或者是灯笼裤和尺码过大的T恤衫，而不是穿带有少女味儿的花边衣衫上床；不刮大腿、不修指甲；不洗头发、不做头发甚至是不梳头发；在丈夫回家之前就把一整天都保持过的妆卸了（而不是补补妆）；丈夫在洗手间的时候大小便；在丈夫面前，没想到让自己散发出良好的体味（打点儿香水或抹点儿身体精油）；从来不穿性感的衣服或者戴饰物……

当一些女人打电话到我的广播节目中说她们婚姻不幸福，但是又没出什么特别的问题时，我问她们是否得了这种毛病。几乎所有的答案都是肯定的。当我给她们提出建议改掉这些明显的毛病时，有些女人就显示出了愤怒、厌恶、憎恨和防卫！如果女人抱着这样的观点，认为一旦她们结婚，她们就应该理所当然、不用回报地受到宠爱、爱慕、保护和服从，收到礼物、感到浪漫、被人供养；她们也不用费任何工夫去创造情感上和心理上的氛围——其实这种氛围更容易让她们的愿望得到满足。

一位名叫山姆的女性听众写道：

女人希望获得男人的欢心而且又可以看起来邋遢得像个老丑婆。和一个老丑婆罗曼蒂克还要假装真诚，实在太难。我承认自己曾经陷入了放任自己不修边幅的情形，但是我一直在摸索着走出那种情形。我现在总是在亲爱的丈夫下班回家之前额外花一些工夫进行淋浴、做做头发、化化妆，而且确实收到了效果。

好像在进行反驳，这些妻子们经常给自己找出一个可以得到原谅的理由，因为“他……（找事批评他）。”但是我会这样说：“好了，也许是这样。是你不高兴，所以打电话给我。而且只有你能做出决定来扭转局面。”我提醒她们：“男人比女人简单。”而且作为妻子，她们真的有能力改变现在的关系。因为，正如我在前面讲过的，男人比女人更具有包容心，更容易纠正自己的行为，给予积极的反馈。

女人靠女性魅力吸引男人，但是女性魅力并不只是指外表，它也包含了举止行为。看起来很有女人味、举止很可人是妻子送给丈夫最好的礼物。这份礼物透露着这样的信息：丈夫是真正的男子汉，不仅仅只会修理、挣钱和奉献精子。同样，假若妻子渴望罗曼蒂克，如果她表现得更像一个有魅力的女人，而不仅仅只是一个家庭主妇、清洁工或者另一个挣钱者的话，她就会获得更多的浪漫。

听众凯莉写道：她清清楚楚地记得她和现在的丈夫约会时，她花了多少工夫使自己更有女人味。她一心想着给丈夫做浪漫的晚餐、买性感的衣服在家里穿着。她喜欢丈夫“要”她的方式、也喜欢她“要”丈夫的那种感觉。

结婚后，有许多费用和支出，两个人都要保住工作、经营家庭、抚养孩子。第二个孩子出生后，她辞去了工作，在家操持家务照看孩子。她每天做卫生、洗衣服、买东西、和孩子一起玩儿，管理着家庭开支。每当丈夫回家，她就会马上要丈夫做一些事情……现在就做！当然，这些事情中没有一件是浪漫的、使人感觉亲密或者充满爱意的。

她发现自己变得越来越唠叨、反感和尖酸，有一种越来越强烈的被生活所骗的感觉。当丈夫回家时，她不再到门口迎接，不再给他一个拥抱和一个亲吻，也不再表现亲情和爱意、不再和他做爱，甚至不给他一个晚安吻别。

究其原因，她在指责丈夫没让她开心，并一再强调丈夫应该主动取悦她、宠爱她，对她辛苦的工作进行弥补。也不想想他每天有多辛苦——如果他提了“辛苦”二字的话，妻子就会更加愤怒和不满。

只有当一个女亲戚来问凯莉有关婚姻的建议时，凯莉才意识到她并没有将自己对婚姻的信条付诸实施。她自己承认，她不过是在把丈夫当作替罪羊用以发泄她情感上的矛盾。她频繁地抱怨丈夫没给予她她心里想要的东西，却没有注意到自己没给予丈夫什么。

> 我现在正在对目前的状态进行调整。开始的时候，我认为自己非常幸运，因为我有能力待在家里带孩子。如果不是因为丈夫辛苦工作的话，我不会过上这么富裕的生活。为了让他开心，我做起事来非常卖力，因为这样也让我开心。我付出了，他也会给予。我付出的越多，他给予的就越多。我认识到，并不是我没有得到什么，而是我给予了什么改变了我的生活。

凯莉的来信中有两点非常重要：一是对现有的一切抱着感恩的心，二是认识到有给予就有所得。必须强调的是，妻子能给予丈夫最重要的就是她自己；所以，必须好好管着“自己”和丈夫分享。妻子清洁房间、带孩子满街玩耍、讨论一桩法庭大案都是很好的事情，但是这些都不是把自己给予丈夫的事情。假如婚姻中最重要的给予就是履行操持家务的责任和义务的话，我们可以雇人来打理家务。给予的实质是一种更为亲密、更为敏感、更为脆弱、更为深层和更为私人化的关系。因为忠贞是信任和承诺最基本的内容，我们不会去雇人来照看婚姻中的温情、爱意、感官和性这些方面。

让配偶感到罗曼蒂克是一种双向的互动。但是当我听到一个男人把他的妻子描述得很浪漫时，我在绞尽脑汁地想起一部电影、一本书、一出戏或者广播里的一段对话。我不会只想到一次。那是不是说男人不需要浪漫呢？不是，我绝对不相信。是不是男人对浪漫有不同的定义呢？很可能。是不是男人没有体会到很多浪漫呢？绝对。

我们先来看看当涉及他们自己的和妻子的行为时，男人心中对浪漫的定义有什么区别。当男人想对女人浪漫时，他们会想到女人喜欢的东西：甜言蜜语、鲜花、香水、出去吃饭、礼物，等等；当男人想要女人对他们浪漫时，他们很少会想到女人可能出去给他们买点儿或做点儿什么特别的；他们想得更多的是，女人怎么在他面前展现得像个女人；她是怎么夸自己优秀能干从而加强自尊的；她是怎么让他感到自己是个真正的男人和她心目中的英雄的。

一个妻子要做到这一点，必须放弃自我适应于他。对许多妻子们来说，这意味着要把那些微不足道的伤心痛苦、愤世嫉俗、沮丧失望和为小事而生气的过度反应统统抛到九霄云外。这些事情做起来让人觉得气馁，但从长远来看你会获得丰厚的回报。

看起来好像我在暗示男人非常肤浅，要求他们的妻子看起来像《花花公子》杂志中间折页上的模特一样。这是普遍流行的老套路，我在为这本书准备材料时所做的调查却得出了不同的论证。男人渴望从妻子身上得到的并不是“十全十美”（尽管能够获得满分“十分”的女人擦肩而过肯定会令每一个男人侧目）；只有妻子为了让自己的男人开心所付出的努力才能够带来最强烈的影响。这不是一个肤浅的概念。这意味着男人已经体会到他们的妻子关心他们的“雄性特征”，这些特征可以带来强烈的视觉刺激。

有一个丈夫写道：

> 我交往过的几乎每一个男人都不迷恋丰满的乳房（即使女人很丰满）。他们也不认为女性杂志里刊登的极瘦的模特儿很有吸引力。他们喜欢正常、自然体型的女人，很像珍妮弗·洛佩兹或者玛丽琳·门罗。他们喜欢那种靠自然气质吸引人的女人，但是很多女人认为这种自然只不过是相貌平平。一般来说，男人不喜欢浓妆艳抹。许多男人担心的是他们的妻子听之任之、体重大增。
>
> 即使有一点点偏胖，男人还是会觉得妻子的身体漂亮。为了满足情感刺激，男人天生有一种“从视觉上”欣赏妻子身体的需求。因此，男人和女人都有理由、有责任保持容颜靓丽、身材娇好。

说实话，男人喜欢看妻子裸露着身体、一丝不挂的举手投足，喜欢看她们穿性感的衣服。男人需要这种感官的刺激，而且应该从妻子身上、不应该从成人书店或者互联网上得到这种刺激。令人惊奇的是，写信和我谈论这个问题的男人认为，就他们的妻子而言，什么是完美的女性身体，在他们的脑海里并没有绝对的评价标准。大多数男人都希望他们的妻子在穿着（以及裸露）和举止上风骚一点。如果妻子给予他们视觉上的刺激，并用挑逗的动作纵情自己，他们的满足感一定能达到。

听众拉尔夫表达了因妻子全然不顾他的这种感觉而产生的对妻子的失望：

> 我妻子最不应该不去做的事情就是收拾打扮她自己。在求爱和婚礼过后，说完“我愿意”之后，注意力转向了别处。当你在节目中接听到一个电话，得知有人对他们现在的夫妻关系越来越不感兴趣的时候，你劝他们返回到原来吸引对方的状态。对男人来说，就是要对妻子浪漫、送花给她、带她到刺激的地方去，等等；对女人来说，就是要打扮自己，穿得漂亮、举止可人。
>
> 男人有一种天生的、发自内心的欲望，想和为了自己的情人精心打扮得漂漂亮亮的女人在一起。

读着这些男人写来的信，我为他们对女人的外表有着那么深的敏感性感到震惊。这不是一种没有人性、具有兽性的反应（因为这是一种连男人自己都还不明白的、与女人在一起才有的反应），这是一种非常人性化的反应。妻子对自己的身体和女人味感到满意和欣赏，而且愿意和丈夫分享，这一切都能满足丈夫的沐浴在幸福之中、被人作为丈夫受到爱恋和被评价为一个真正“男人”的感觉。

听众莎欣娜写信讲述了她结婚十年后却离了婚的悲伤故事。她丈夫离她而去，抱怨他们俩单独在一起的时间太少（因为她总是过度忙于“爸爸和妈妈”），而且她对他再也没有了吸引力，好像是因为她吃得太多、运动得太少长胖了很多。我敢说大多数女人读到这里都会非常愤慨，认为她们的丈夫肤浅。直率地说，这种反感的反应本身就显示了一种肤浅的自我中心。人的自然衰老、体弱多病和怀孕生子都是生活中的必经事实。不能接受这些现实只能暴露出个人的不成熟甚至是幼稚。同样，不愿承担修正自己身体或者情感的责任只会招致配偶的惊恐，因为这是对婚姻契约的突击。而且对配偶的需求和特殊感受漠然处之是一种自私的对配偶的侮辱。

莎欣娜在信中继续说：

> 我想告诉他我会为了减肥、为了让自己有魅力去节食、去锻炼。我想我做这一切都是为了他、为了让他觉得我有吸引力。我深深知道我并不想去做这些，因为我想要他爱我、接受我本来的样子。

这并不是我从一些女人那里听到的一种不同寻常的意见，她们对自己的丈夫要她们穿着整齐、收拾打扮、神清气爽感到反感。她们认为自己的丈夫是自私、肤浅、性欲过强、不解人意的野人，其实这是不合事实的指责。“如果他爱我，他就不会对这些事情大惊小怪”的观点是不负责任、有害无益的。正如我在有关沟通那一章中指出的，言语的交流只是沟通方式的一种。更多的沟通是靠夫妻双方互相满足对方的需求去实现的。男人有一种想看见自己的妻子“要”他们的情感需求，妻子打扮自己、展现自己就是在表达这种爱。

这些积极态度和行为的自然延伸就是性生活的亲密无间。听众菲尔美妙地给我们介绍了这方面的情况：

上帝创造了男人本身；男人有男性荷尔蒙和强烈的性欲。我想许多女人肯定认为男人性欲过强，但是在这方面男人并不是靠自己的力量可以办到的。对男人来说，并不是超凡的性伙伴就一定能使他获得满足。即使频率较低，和妻子做爱都会使男人身体健康、有一种归宿感。但是一旦做爱的要求遭到拒绝，男人就会总是有一种需求得不到满足的心理状态。这样就会逼着男人想到别的地方去。

我想，如果家里有一块上等牛肉，大多数男人是不会去选择快餐牛肉夹饼的；但是如果饿了，他们会找一种方式填饱自己。我认为大多数男人是不想背弃他们的妻子的——他们是因为缺少性方面的爱抚、怜爱和理解才被迫出轨的。

男人对性的感觉是另一个引起女人反感的话题。这种反感主要是当她们认识到她们真的没有把丈夫的需求列在她们所要做的事情清单中突出的位置时，为自己辩护而产生的。当丈夫走过来问她是否离婚会让她觉得开心一些时，听众吉姆的神经一下完全绷紧了。她感到震惊！她不明白他是什么意思，因为她觉得她对生活、对婚姻、对孩子都感到非常地满意。她立刻怀疑他有了女朋友，但事实并非如此。事实是，他认为她一定在别的什么地方得到了性满足，因为她几乎是每次都拒绝和他做爱。

他继续对她说，他爱她并希望她能够真正地幸福，还说如果他没有让她感到幸福，他非常惭愧。据吉姆说：

情况是这样的：每次他想和我亲热，我都会找一个借口拒绝。我会说，“我累了”，或者“你表达爱意就只会在卧室”，或者“我就是不想”。

丈夫然后向她承认，他在因特网上看了色情画面。吉姆的第一个反应就是恶心，然后就是深深的伤害……然后当他向她解释，他自己在看的时候觉得非常空虚和内疚，但是这远比上床后受到拒绝好受一些的时候，她感到的是羞辱。他对她说，她才是他惟一想要的人，但是她总是不想让他要她。随着想要她的欲望越来越强烈，他感到越来越失望，甚至为了消除痛苦，希望自己能够像一条狗一样被阉割。

他说，遭到拒绝不是什么好事，但是当一个人最脆弱——赤身裸体——的时候遭到拒绝却会带来毁灭性的打击。吉姆写道：

我为自己的浓厚自我意识感到悲伤和挫败。确实，每天我都通过许多不同的方式把自己交给了孩子、家庭、朋友甚至是自己，但是我却没有通过正确的方式把自己交给我生命中最重要的人：那个使我的生活变得完整、幸福、充满希望的人——我最好的朋友——我的丈夫。

我过去的理念是：结婚前，我靠性获得自己想要的一切。现在，我已经获得了我想要的一切（远远超出我应该获得的），因而性已经毫无用处了。一直以来，我太忽视他了，把他的情感和心理需求都抛在了脑后。

“我把他的情感和心理需求都抛在了脑后。”这样的认识一针见血。自那以后，吉姆改变了她的优先选择。现在她把丈夫真正作为一个男人在加以重视。她在信中说，令人难以置信的是，她丈夫长相英俊、身材得体，而且还是个绝对的好爸爸。自从她开始用“新的眼光”来看他，她的心中越来越充满了爱情，也开始正视她已经忽略了很久的性生活。她告诉我，孩子们的作息时间已经从晚上九点改成了晚上八点，所有的电器设备都关掉，然后，“整个房子都在摇动”！

然而，女性轻视男人性欲的程度令人震惊，她们把男人低看成仅仅是一头没有更深内涵的、发情的动物。读完所有由男人对有关善待和满足丈夫一书写来的邮件，还持有这样的观点就不太可能了。

大多数男人在信中指出，他们的性欲不仅仅是一种“发泄”（尽管发泄对男人和女人来说都是一种重要的需求）。听众克里斯写信来说：

> 我不明白为什么女人不理解性欲是男人想从妻子那儿获得的最重要的需求。它不光是动作和感觉上的快感，更是女人对自己的男人的认同。在性交的过程中，有一种交流可以把男人和他自己的女人结合起来，自然而然，男人就会激动地把自己整个儿交给她。当这种需求得不到满足，男人就会把妻子仅仅当作一个室友，这个室友不仅没有支付应付的房租，而且还总是唠唠叨叨、抱怨他把马桶坐板掀起来了。

另一位听众罗恩认为自己是一位具有浪漫情调、善解人意、乐于助人的丈夫，他说，女人应该用更开放的眼光去讨论性，而不是把所有的男人都看成仅仅是“发情猎狗”而将他们赶开。

我非常讨厌女人因男人需要而且渴望情爱而贬低所有男人。相爱的人们难道不应该渴望得到一个亲吻、一个拥抱和做爱吗？这些对我来说都非常重要。

罗恩指出，性爱和情爱都是夫妻双方融为一体的健康方式，而且应该在融洽的关系中自由自在地充满激情地给予。他相信，如果女人认为性爱和情爱同婚姻中其他东西一样重要，婚姻的破裂就会越来越少，因为这样夫妻双方都会获得更多的相互满足和相互融合。

对这个问题，杰西卡从女性的角度、用批评的眼光写出了如下看法：

如果你愿意将稀屎从婴儿胖胖的大腿间除去，如果你愿意将车上/车椅上的呕吐物擦干净，愿意将从小孩鼻中流出、从小孩口中流下的、亮晶晶的鼻涕拭掉……我想你一定会愿意和丈夫做爱了！

杰西卡是一位家庭主妇，也是好几个团体组织的成员，她关于性方面的看法经常是反男人的。她写信说，绝大多数女人只是因为感到厌倦而认为他们的丈夫自私自利、“有所企图”。她提醒女人们，当她们为了孩子一个晚上心甘情愿起来好几次，而认为花几分钟时间关心丈夫是一件完全没有必要、令人烦心的事情的时候，她们在给丈夫传递对她们自己起反作用的信息。

我认为男人需要射精其中必有奥妙。我问丈夫："如果我只是躺在那儿让你自己满足生理上的需求，你会觉得满意吗？那是你所需要的吗？"他讨厌极了！她想和我一起投入。他想要我融入他的行动。对他来说，这不只是生理上的发泄。

我还问他："我们做爱之后，你是不是觉得生理上得到了释放？还是觉得和我更加贴近了？还是觉得我们的家庭很幸福？还是觉得头脑一片空白或者精神轻松了？"他的回答是：他对我们的家庭和我们的关系感觉很好。

我不知道多少女人有这种胆量对她们的丈夫问这样的问题……而且尊重他们的答案？

除了纯粹的身体快感以外，男人更多的是为了在情感上和妻子贴得更近，才想做爱。因此，许多妻子也许会说："我丈夫想要的就是和我贴得更近"，而不是"我丈夫想要的就是和我做爱"。这样反而使丈夫更难离开妻子、消除他独特的性能力。性交是男人向他们的妻子传递感情的方式。

如果妻子对性交和身体的爱抚感到反感或者干脆拒绝，男人就会认为妻子在身体上和精神上对自己不再感兴趣了。在一个男人与他的妻子完全解除关系之前他会多么孤单，感觉多么中性化、没有激情呀？听众罗恩说：

我相信大多数感觉婚姻稳定的妻子们都会认为，因为丈夫爱她们，所以她们不再需要像刚结婚时那样在性生活中对丈夫献殷勤了。大多数男人需要的是一个对丈夫有着持续的强烈欲望的妻子，这种满足感就是性生活中的亲密无间。男人认为，如果这种欲望满足不了的话，他与妻子的沟通、他的心情和他的阳刚之气都会受到摧残。

另一个听众多恩写信说，作为一个男人，他追求与妻子之间的亲密，把这种亲密不仅看做是一种想忘记已发生的口角的欲望，而且看做是一种表达爱情的方式。遭到妻子的拒绝不仅有损男人的自尊，而且给夫妻关系也会造成很大伤害。因为妻子在排除与丈夫体验身体上和情感上的亲密的机会时，男人就会发现他们对妻子一切美好的、充满爱怜的感觉都会一扫而光。然而，妻子还希望丈夫不计较他们已经被忽视的需要和受到伤害的心灵，而且希望丈夫继续做她们想要他做的事情……或者别的什么。

迈克的信是我收到的来信中最感人之一。在信的开始，他说：

劳拉博士，你一直在公开地支持我们丈夫。而这是与当今普遍“抨击男人”的潮流背道而驰的，我一直不得不忍受着这种抨击。正因为这一点，我想就这个话题说说自己的想法。

迈克继续叙述，他四十四岁，有三个孩子，都长大成人了。他现在处于第二次婚姻中，和一个已有两个成人孩子的女人生活在一起。他讲述了为了“感觉像个男人”所需要的关爱和满足。迈克认为自己的职责就是供养和保护这个家，他愿意根据需要努力工作。他说，他想得到的认同就是在家门口妻子的一个亲吻、一次牵手或者一个拥抱。

每当我意识到妻子感觉在我怀抱里有一种安全感时，我就知道我的责任履行得不错。被人强烈地需要是两人亲密无间关系的一种延伸。

遗憾的是，他说那种情爱和身体的亲密从他们俩的关系中消失了——而且他不知道为什么。他想靠近她，但得到的却是冷漠和拒绝。

当我对被拒绝感觉非常强烈的时候，我就问自己，“我为什么在这儿?”、“有谁关爱我?”对我来说，我依然在履行着供养和保护家庭的责任，但我却没得到任何回报。

当没有性爱也没有情爱的日子过去数月以后，我领悟到自己是一个不被人需要、没有任何价值的人了。如果我得到了认同的话，我就可以得到“爱”。为了幸福和健康的感觉，我需要关爱和滋润。

我收到了许许多多像迈克这样的信，当我读到因为妻子拒绝性生活而给男人造成了极深伤害的时候，我的心都碎了。这不是一种肉体上的挫伤，而是一种真正情感上的创伤。

有趣的是，一位男性听众写信说，当妻子经常轻视甚至忽视丈夫的性欲时，男人会在情感上感到压抑，然后妻子也得不到想从他们身上得到的东西。他进一步诉说，他认为这样的女人是在显示“道德意义上的不忠”。他的后一种观点值得我们进一步关注。一般来说，当我们谈到不忠时，我们会认为是配偶中的一方在婚姻之外有情感上或者性方面的关系，不管是和“真正的宝贝儿”还是和因特网上“人工合成的宝贝儿”。这不仅是一种对“十大戒律”的违背，而且还是对婚姻誓言的明显背叛。不管怎样，难道婚姻誓言不包括或者不隐含像爱情、荣幸、保护和关爱等等这样的词吗？所以，当一个人由于忽视而背弃这些誓言的时候，那不也是不忠的一种形式吗？也许我们在一开始就应该把故意剥夺配偶合理需求的行为看成是一种不忠，因为这种行为的根源就是对婚姻誓言宗旨的不忠。

对许多女人来说，性是一个非常严肃的争论焦点。我还对一位女性听众记忆犹新，她抱怨说她丈夫不理解她有多么辛苦、多么无助、压力有多么大。他竟然还要做爱。我问她，那又错在哪里呢？因为大多数人还是希望一夫一妻制的婚姻而不是独身。我的问话好像使她大吃一惊……不过只有一会儿时间。

她用具有挑战性的问题回击我，“当只有他一个人想做爱而我不想做爱的时候，我是不是非得和他做爱呢？”我深深地吸了一口气，然后回答：“大多数时候非得做。”她惊呆了，然后把我的观点比做奴隶制的某种形式。我提醒她，即使有些时候他根本就不想工作，她还是希望他上班赚钱养家。我补充说，不管他是否喜欢，不管他被招待得好不好，她还是希望他去看她的亲戚。我给她丢了一句话，她毫不顾及他的个人喜好，只是一味地希望他听从她有关社交活动的日程安排。我再次提醒她：“这叫做爱的义务。”

然后我继续问她，她“不想”做爱却又做了爱的次数：

劳拉博士：做爱的时候，你难道没有某种程度的兴奋吗？

听众（咯咯地笑）：有。

劳拉博士：那就好，有时候水泵就需要加满一点点……达到高潮之后，你难道不觉得他真了不起、你的生活真幸福？

听众（有咯咯地笑）：觉得。

劳拉博士：那么，你到底为什么要把它排除在你自己的生活之外呢？你把丈夫憋上一时半会儿，这不要紧。但是你想想你失去了什么！不要为了报复别人而伤害了自己！

这样，除了和丈夫亲热、对丈夫怜爱以外，许多女人似乎对生活中别的任何一件事情都非常热爱。当然，对有问题的婚姻或者配偶来说，正常的性生活本身并不是灵丹妙药。然而，如果女人对丈夫的生理需求能够表示怜爱，她们就会觉得更幸福、过得更好，而且更能从容面对生活中不尽人意的烦恼。

一些女人在电话中抱怨说，因为丈夫似乎有无穷无尽的性欲，而且他们只有在想做爱的时候才会做一些充满挚爱的事情，所以她们就拒绝丈夫。这时，我给她们讲了我的一位听众的一些事情。这位名叫克林特的听众来信写道：

她说只有做爱的时候我才想拥抱她，因为我们互相抚摸的时候我就勃起了。我对她说，如果有一个人饿极了，你在他面前摆一盘吃的，你就别指望他会一口一口地慢慢吃。如果让他们的胃饱饱的，他们就只会去吃小吃。

鉴于这种观点，我告诉妻子们，降低她们丈夫的、看起来非常贪婪的性欲的办法就是通过自创性游戏控制性生活——当然要有合理的频率和间隔。这些女人再给我打电话时，她们跟我讲述了同样的结果：(1) 她们的生活过得更有乐趣，(2) 她们觉得和丈夫比以前任何时候都贴得近，(3) 她们的丈夫根本不再对性生活发牢骚。

真奇妙！

道格拉斯补充观点说；

> 如果某些时候你对性生活真的一点儿兴趣都没有，而你的丈夫却兴致盎然，对他说一些大意如“喂，大小伙子。给我展示一下你的本领。让我们为了你而做爱。”之类的话。然后告诉他要他省了对你的性交前爱抚，只管做他自己的。他会格外急切、格外活跃，然后很快达到高潮并认为你真是棒极了。你也许会发现你达到高潮，甚至会比想像的要快乐得多！

但是记住，一定要饱含热情地去做。正如斯科特所写的：

> 比拒绝更糟糕的是夹紧两腿，这样我们一下就可以完事儿，然后就可以睡觉了。抱着这样的态度，男人怎会感觉到他是在让妻子享受快乐呢？男人从性生活中得到的最大快乐就是他感觉自己在让妻子享受快乐。

非常明显，如果你爱某个人，你的目标就是让他开心、让他感觉被爱的甜蜜、让他感觉幸福。听众米歇尔对这一点直言不讳，她说尽管她并不是总“有兴趣”，但是当丈夫需要的时候，她总是情愿去做。

女士们，这听起来有点儿愚蠢，但是我想保证他能够得到需要的东西。他太棒了、我太爱他了，我不能让他失望。这就是我怎么滋润和尊重丈夫的：沟通、理解、支持、美味的巧克力饼干和出色的性生活！

那么，说实话，听起来米歇尔是不是受到压抑、感到痛苦了？我充分相信，女人们体会到的大多数压抑都是自己制造的——通过错误的选择和错误的态度。

另一位名叫朗内尔的听众对米歇尔的积极态度表示赞同：

由于多种原因，性一直是我最不关心的事情。但是，如果我不抵触而是去享受丈夫对我的温情，我的态度就会发生改变，而且不只是一时的改变。

巴巴拉在我的广播节目里听了一位特别的女听众的叙述之后给我写了一封信。她说她为女听众在电话里承认的事实感到震惊！那位女听众竟然因为没从丈夫那儿得到她想要得到的性交前的抚摸、使她获得享受而拒绝和她丈夫做爱。她开始讨厌丈夫一贯的做爱方式，而且因为她的冷漠反应，丈夫对她难有温情，也不想做那些她渴望的性交前抚摸，这样又更进一步增添了她的憎恨……就这样来来回回、恶性循环！巴巴拉说，她以前非常冷淡，大多数时候把性生活当成一件日常琐事，并且希望丈夫早点完事儿。但是后来她改变了……

男人，噢，男人让我全身沐浴着情爱。我开始意识到我丈夫有多么了不起，我早上的祈祷也开始集中围绕在首先做一个更好的妻子、然后做一个更好的妈妈上面。我开始盼望着勾引我的丈夫，他觉得非常惊奇，感觉好像有了一个新妻子！他再次开始向我展示了结婚以来我所失去的、他所有的温情，因为我再次向他展示了我有多么爱他。

你的那位听众如果那么讨厌夫妻生活中亲密的事情（丈夫却很看重），她就不要指望丈夫会给她沐浴情爱。

我在广播节目里和安娜的谈话揭示了婚姻性生活中最令人吃惊的交换之一。安娜二十五岁，结婚五年了，有两个孩子，一个五岁，另一个九个月。

自从当了妈妈后，安娜感到筋疲力尽，不怎么想做爱。由于产后荷尔蒙的变化、得不到充足的睡眠和新生婴儿时时刻刻需要看护，这对一个刚做妈妈的人来说没有什么不正常的。然而，正是这个时候，父母之间的情爱从许多层面上来说都是非常重要的：他们需要在彼此之间建立纽带；他们需要互相支持、互相体贴共同完成从“我俩”到“家”的过渡；他们需要从性生活中得到快乐和放松。

安娜的情况是，她拒绝丈夫的次数太多，以致对性生活感到恶心。她是怎么解决这个问题的呢？她告诉丈夫她愿意出钱让他去找妓女。现在四年过去了，丈夫对她说，他遵照了她的指示，可是每当他想起女儿，他就怎么也起不来了。真是个好男人！

劳拉博士： 你有什么问题问我？

安娜： 我不知道我是否应该结束和丈夫的关系。

劳拉博士： 因为你曾经拒绝和他做爱，而且要他去找妓女，你就想抛弃和你有了两个孩子的这个男人？他在努力按照你说的去做，但是他真正并没有做多少。现在四年过去了，他告诉了你实情，你却要抛弃他？坦白地说，你们俩中间，他更好。

安娜： 他早应该理解我。

劳拉博士： 安娜，女人最容易犯的最大错误之一就是认为，因为他娶了你，不管你怎么对他，他都应该老实地、顺从地原地待在那儿。当然，初次做妈妈是比较辛苦。但是初次做爸爸就不辛苦吗？当你毫无理由、连续不断地告诉一个男人你讨厌和他亲热，你不愿意让他拥抱、亲吻或者做爱，然后要他去付钱和别人上床、不要管你——但你还是希望他回家、爱你、护你、支持你、理解你——这时，你的脑子一定是出毛病了。

这个电话最后产生了积极作用。我提醒安娜是她先伤害了丈夫，但是因为丈夫爱她才没有和她计较。安娜认为我说得对。同时我还对她说，她丈夫想和她长长久久、和和美美地生活在一起，她应该好好回报这份情意，永远也不要让这样的事情再发生在她丈夫身上了。

安娜： 你说得对。

劳拉博士： 那么，当他下班回家跨进家门的时候，我希望有响响的亲吻和美味可口、热腾腾的饭菜等着他。还有，让孩子早点睡觉。

安娜：非常感谢，劳拉博士。

正如安娜所说的，女人都希望在自己没有心情做爱的时候，自己的男人能够理解她们。同样，女人也应该在她们的丈夫非常需要她们的时候理解她们的丈夫，而且更不应该挑剔他们。还有，她们应该把这样的观念深入脑海：她们的丈夫不仅仅是“有所企图”，他们更渴望与妻子的亲近、更渴望妻子的认同！

“认同”丈夫在性方面的主动进攻并不是一个妻子体现对丈夫的关爱以及理解的惟一方式。自己成为一个主动进攻者怎么样?！听众杰弗里代表所有的丈夫们呼吁：

百分之五十的时候，请做一个性攻击者。如果你满屋子、满卧室、满床地去追逐他，他会太疲倦、太高兴以致任何另一个女人都不可能在他脑海里闪过……是的，好男人绝不会。

如果一个女人大声对丈夫说“请你和我做爱好吗?”或者“请你——”（你自己可以用某种色情邀请把这个空填上），你知道这对一个男人来说意味着什么吗？不要把时间花在镜子前想变成某个不是你的人。你丈夫很可能也不是个电影明星，但是无论如何他都是爱你的。

丈夫怎么看你，你的“性感个性化”在很大程度上起决定作用。在丈夫的眼中，哪怕是世界上最漂亮的女人，如果她总是对所有的性邀请或者性前奏说“不”，她一下就会变得非常丑陋。一个看起来相貌“平平”的女人，如果她是一个比较主动的性伙伴，在卧室、在客厅、在浴室、在汽车后座、在与世隔绝的森林等等地方（你能想到的任何地方），她都能发挥丰富的想像力，她就会变成世界上最漂亮的女人之一了。

如果我们在性生活方面做得不好——请，请一定和我们沟通。大胆往前，在我们的耳边窃窃私语性爱之事、猥亵之言，我们就会听从你们的指挥。对我们说“我爱你”，什么？你们以为只有女人爱听这个？

许多女人打电话到我的广播节目里来，说她们不好意思“提出某种要求”或者“要他换换不同的姿势”。确实可以理解——任何人都不想让自己显得很傻或者冒被拒绝的风险。但是记住，这也正是你丈夫固有的同样的情感问题！他不得不用不同的方式和你进行交流、冒被你拒绝的风险。

不要担心在自己的男人面前显得“放荡”。在男人们发来的成百上千的传真和邮件中，没有一封包含着这样的观念：如果妻子对丈夫主动“来事儿”，丈夫会感到惊慌和恐怖。他们的普遍反应都是热切渴望一切可能到来的快乐。

一个更为主动、更加合作、更加开放、更具有经验和诱惑力（也就是说在性生活中承担更多的责任）的妻子不仅能给性生活带来很多好处，而且能够树立男人的自尊，给丈夫带来更多的性满足。这又是一个“英雄”的话题了。有一个女人写道：

当“伟哥”走红市场、人人都在谈论的时候，一位朋友问我丈夫他是否用这个。我立刻回答说：“你在开玩笑吧？他们是到我们家来采了他的血样才做成这种药的！”丈夫高兴得容光焕发，知道了我认为他跟二十年前一样雄壮，然后他真的表现得像回到了二十年前！

在信的结尾，她写了一些非常感人、非常有趣的话语。她谈到了《圣经》中的经文：

“听到了……忠诚将至”如果我们互相都说一些表示憎恶的话，我们就会开始相信它，它就会在我们的心中不断加强直到我们婚姻中的“忠诚”结束。

他丈夫每天早晨叫醒她，说她是《圣经》第三十一条箴言中的贞洁女人。她说，她每天都尽力按照这条箴言去做。因为这意味着，如果她大大赞扬他的话，他就会和她站在他为她设置的同样的高度上了。多么绝妙的观点！

另一位听众海伦对婚姻中的性生活有两条原则：第一，永不拒绝丈夫。她说她丈夫是一个感情非常强烈的男人，一个星期要做几次爱。

除非我刚做了大手术，或者对他怒火中烧，我不会拒绝他。我已年过四十，说实话，我发现自己的性欲在逐渐减退。劳拉博士已经在节目中说了，即使你没有心情，但是一旦开始做爱你就会感到快乐。她说得真对！我不想要他犹豫不决地靠近我，也不想要他把视线转向它处。他已经了解，他的妻子永远躺在他床上、躺在他身边，总是那么热情和急切。

海伦对婚姻中性生活的第二条原则就是“试验”。很明显，他丈夫非常具有创造力。每次她丈夫尝试某种新的姿势，她都不会让自己的第一反应出现厌恶或者盛怒情况，也不会不去考虑她也许会喜欢而且会尝试一下的可能性。她说，她规定不许出现疼痛情况、不许和别人尝试，但是她相信他们在做爱时的创新是他们共同研究可能的做爱方式的一部分。现在让我们回到性欲减退的问题上来。这不是一个正常衰老的问题，任何一个这样说的女人都是在撒小谎。问问她，对某个温文尔雅、赤身裸体的电影明星或者邻居，她会有什么强烈的幻想。当生活变得越来越程式化、越来越平淡，我们的激情常常会被某种令人伤心的清静和安逸所替代。这里边有好处，因为它使生活变得舒适；但是却有不好的地方，因为它使生活显得一眼见底地单调乏味。这时候，你就不得不进入状态、振作起来做点事情了。

听众莉萨正好就处在这样一种“枯燥、厌倦、无味”的状况。在每天结束时，她上床后惟一想做的事情就是睡觉，但是丈夫却在性生活上“烦扰”她。一个雨天的下午，她打电话给正在上班的他，对他说那天是他早点儿回家和她一起上床睡觉的好日子。即使他不能回家（因为那天他正好要参加一个已经定好的、他又不能缺席的重要会议），后来他告诉她，他却整天都在情不自禁地想着她，急不可待地想回家和她在一起。有几个妻子在结婚十四年之后还能听到这种话语呢？

即使她已经静脉曲张、即使她有妊娠纹和剖腹产疤痕，丈夫还想“要”她、对她有欲望，这肯定能大大增强她的自尊。女人们总是说她们的生活很郁闷，但是，如果她们能与她们的丈夫进行性交，而且能够大量得到感情和身体上的回馈，我想她们就不用考虑任何安定鸡尾酒了。

跟婚姻关系中任何其他组成部分一样，性也需要尊重和滋润。所以，在卧室里不要摆放电视机——把卧室当作一片美丽的圣地。卧室是婚姻和家庭的基地。不要低估了它的重要性和它的力量，因为它能够产生能量使家庭的每一个成员幸福地生活。

第七章
男人在自己的家里应该受到尊重

我结婚时，爸爸劝诫我：“你就要嫁人了。永远把他当一个男人来看，他就会表现得像一个男人。”

塔米

女人爱一个人很容易；上帝造就她时，她就能做到这一点。但是尊重他人，对她来说更难。

温迪

我认为男人需要尊重——对他表示的尊重越多，他回报的爱也就越多。

珍妮特

开始写这一章的前一天，我接到了一对夫妇一起打来的电话。丈夫先开始和我交谈，他对我讲述了最近发生的一系列具有代表性的、与他丈母娘有关的事情。说实话，妻子的行为举止和观点看法使我目瞪口呆、无言以对！

事情好像是这样，丈夫、妻子和孩子们一起到外婆家去吃饭。后来，他们各自开车回家。由于某种原因，外婆和孩子们坐的那辆车停在了一个大百货商店的停车场。十二岁的小男孩儿由于得了重感冒，想把喉咙里的瘀痰清理出来，把痰吐在了停车场的地面上。这下，外婆大发雷霆，高声对他喊叫，说他“比从黑人居住区来的人好不到哪里去”。

当大家都回到家中，有一个女儿走到外婆跟前对她说，她伤了哥哥的自尊心，她这样做不太好。十二岁的哥哥正在哭呢。

小孩的爸爸开始询问外婆做了些什么，外婆马上保护自己，而且对这位爸爸非常反感，最后对爸爸“大动干戈”。根据这位爸爸的叙述，这时候，他明确地告诉了丈母娘，在他的家里她不能不尊重他。

我问妻子她是否同意丈夫对事情的叙述。尽管她同意丈夫在大体上把事情描述得非常准确，令人吃惊的是，她还是偏向于她妈妈那边。比如说，她批评儿子在停车场的地上咳嗽，说那里是“别人必须走过的地方”。她还说丈夫把说话的嗓音提得过高了。显然，她的动机就是想使自己妈妈的行为合理化。

说实话，听到一个母亲不挺身而出保护自己的儿子，我感到非常惊讶；令人伤心的是，我更习惯了妻子不挺身而出保护她们的丈夫，特别是她们的“妈妈”与此事有关的时候。当我谈到她对儿子的指责时（“他被痰卡住了——可以用一杯水或者一张纸巾把地面擦干净，用不着让孩子难堪”），她的反应就是对我的建议漠然处之，反而重申她妈妈的观点，说孩子“坏”。

真正令人吃惊的是她说她丈夫时的态度。她用一种最为可怕的、最瞧不起人的、最讽刺的口气模仿她丈夫说：“男人不应该在自己的家里得不到尊重。”她还用那种对丈夫傲慢无礼的漠视特别强调“男人”和“自己的家”这两个词。

我轻轻地问：“你认为男人在自己的家里不应该受到尊重吗？”她马上振振有词地反唇相讥：“我认为任何人在任何地方都应该受到尊重。”我再一次问她：“你认为男人在自己的家里不应该受到尊重吗？”她干脆不回答了。

我尽力想让她明白我的观点，但是令人感到震惊的是，她根本就没有认为自己的举止和态度有什么错。电话打完后，我内心有一种感觉油然而生，我为这个男人和他的孩子们感到悲哀。

另一名女性听众在我写这一章的前一天真正“想通了”。她和丈夫已经养了一只猫，但是她决定再买一只。丈夫极力反对再弄一只动物到家里来。她打电话给我，想找到一个说服他、让他同意她买猫的办法。

劳拉博士：什么？他没有权利发表他的意见？

电话来访者：不，他有权利。只是我没有找出任何不能再养一只猫的正当理由。

劳拉博士：正当的理由就是，他不想和几只动物一起生活。难道这不是一个充分的理由吗？

电话来访者：难道我不能要他把理由说得更详细点儿吗？难道他就一定要说他有道理？我只是想知道他为

什么要那样认为。

劳拉博士： 不，你说得不对。你不是真正有兴趣理解他的观点。你只是想要他仔仔细细地说出他的观点，然后你就可以推翻他，最后你就可以得到猫了。你不是想“理解”，你最终是想“操纵”。一般来说，男人更容易被妻子无情的争吵击败，而不是相反。

电话来访者： 是啊，我想是那样的。但是我真的想要另一只猫！

劳拉博士： 很明显，你更想要猫，而不是更想要对丈夫显示尊重和爱。

电话来访者： 不，不是这样的。

劳拉博士： 是的，是这样的——你自己知道。有一只动物，你还感到不满足、不应该感谢他，你还要违背他的心愿强迫他接受另一只。你的行为让人感到，这是你一个人的家——不是“我们的”家；你的行为让人感到，你想要的东西非常重要，而他想要的东西对你来说只是一种妨碍。你的行为在向他表明，他的家不是一个安全、和平的港湾。

电话来访者： 噢，天啊，我真的没有看到这一点。是的，我认为你说得对——他很可能就是这样想的。

劳拉博士： 你想，如果他是这样想的，你最终会得到什么回报呢？

电话来访者： 我明白了。

有些更加愤世嫉俗的人可能会说，这个电话来访者在思想上受到了丈夫的压迫，但是“这种人”永远都不会觉得，她与那个幸福地娶了她的人的婚姻是幸福的。在夫妻之间，应该有必要的妥协和仁爱的合作，这样会使每个人都感到而且相信他们在对方的心目中都非常重要。当然，这比得到另一只宠物或者比通过压制对方的方式而为所欲为更为重要。

不管是思想还是爱好，这些都不是最重要的问题——公平对待和恩爱钟情才是最重要的。让我们观察一下普遍的家庭：它们大都被家里女人的选择、爱好以及一时的兴致所控制。房地产经纪人对我说，他们真的想卖一间房子给妻子，因为妻子的行为经常使他们有这种想法。丈夫顺从妻子是因为他们爱妻子，想让妻子高兴，也因为（女士们，我们必须实话实说）他们不顺从的时候，我们把他们的生活变成了人间地狱。因为男人活着就是为了得到我们的认可和接受，他们太容易被我们毫不恰当、毫无感情、毫无人道、毫无爱意地操纵了。

我广播节目中的一位女性电话来访者给我们提供了大量的有关操纵的例子。看起来她丈夫非常讨厌吃鸡，甚至在他还是她的男朋友的时候他就讨厌吃鸡。很可能他在很年轻的时候吃过已经坏了的鸡，或者某次吃饭后生病了，认为是吃了鸡的原因。其实每个人都有类似的经历，我们再也不想吃那种东西了！这不是什么了不得的事儿。

但是，对我的这位电话来访者来说，这是件大事。她已经给丈夫做了鸡排，但是告诉他这是火鸡，因为他吃火鸡没问题。她打电话问我是否应该把真相告诉他。

劳拉博士： 你为什么要这么做呢？

电话来访者： 因为，嗯，两个原因。我想证明给他看，他不讨厌吃鸡。而且，我觉得同时做鸡和火鸡非常麻烦，因为我只会做鸡。

劳拉博士：你从来不给孩子们、朋友或者亲戚单独做点什么吗？

电话来访者：做，我做……但是那不一样。

劳拉博士：为什么不一样？

电话来访者：（回避问题）嗯，不管怎么样，我还是想知道我是否应该告诉他，他已经吃了鸡，而且，你看，一点儿问题都没有。

劳拉博士：不，绝对不行。我认为你应该给他做火鸡——正如他要你做的和你自己说的那样。如果你想看看他是否还对鸡过敏，给他咬一口你做的鸡，这样就可以表明你对他真正的关爱和尊重。如果你告诉他你对他做了些什么，（1）让他觉得反胃，（2）让他当场出丑，他会产生被人出卖、被人羞辱、根本不受人尊敬的感觉。

这种“鸡的调包事件”看起来似乎是一件小事，其实不然。如果把我们找丈夫岔子或者压制丈夫的点点滴滴事情累计起来，足以使我们的丈夫最后变成一个痛苦的男人。后来，我还接到了一些电话，说丈夫不准时回家，不浪漫，不听她们说话，不……凡是你能想到的理由。其实这也难怪，因为你投入的是垃圾，得到的应该是垃圾。

听众史蒂夫对我们有关妻子应该如何对待丈夫的广播讨论发表了他的看法。他说，这不是一个人们听得很多的主题。

在当今的世界，人们都认为男人是笨猪，女人在受苦。我付出了那么多的努力（保养车辆和草坪、照看孩子、全职工作），还得不到感激。在女人看来，我们的努力永远不够。为了改进夫妻关系，女人希望男人做一些不合心意的事情，这是常见的。我特别不喜欢买花、买礼物、逛商店、聊天，或者穿得规规矩矩……但是我还是这么做了，因为这些对我妻子来说非常重要。

然而，由于某种原因，如果真的有什么事情我非常喜欢，但是我妻子觉得“不合意”的话，这件事就不可能了！她认为，作为一个女人，她不应该做任何不合她心意的事情。她和我是双重标准！

另外一个双重标准就是，女人可以批评指责、拒绝抵抗、大发雷霆，但是如果我有类似的感觉和发泄，这就叫口头虐待。当我问为什么会这样呢？她告诉我，因为我是男人，男人都虐待，女人不会！

让我来告诉大家：男人受到的虐待或者语言的伤害和女人一样多。为了让男人为你做你想要他做的事情，采取任何形式的强制不仅仅会毫无结果，而且会给男人造成伤害。原因很简单，我结了婚并不意味着我变成了奴隶。男人也是人。

史蒂夫最后关于男人是“人”不是“奴隶”的感慨，反映了就这个主题给我写信的男人的普遍的委屈。大多数女人认为，丈夫应该对女人的“艰难”处境持有一种幽默感，因为她们随着荷尔蒙的周期变化会变得感情用事、过度敏感、情绪多变，等等。然而，有的男人会这样做，有的男人可能不会这样做。

那些能够对女人反复无常、捉摸不定的天性持有幽默感的男人一定是那些能够得到妻子的尊重、欣赏、感激和钟情的丈夫们；他们在用一种对他们来说非常有意义的方式回报妻子的爱。

那些不能产生这种幽默感的男人一定是那些他们的妻子认为洗衣做饭带孩子就是对丈夫工作的充分补偿的丈夫们。也许这些事情应该得到感激，但是这些基本上是一个女人即使不结婚可能也正在做的事情。从具体细节和个人感情上来说，这些行为都不是特别为“她的男人”所做的。毫无疑问，对一个渴望被当作“男人”和“她的男人”来看待的丈夫来说，那些带有个人感情色彩的行为是非常重要的。

上述有些观点的产生归根于现代女权主义日程中反对男人的潜在意图，这种具有破坏性的意图应该受到谴责；因为那些女权主义者认为，迎合或者顺从丈夫就是一种奴隶式的、对男人的屈服。事实上，自从“南方浸礼会”就“屈从”发表声明以来，媒体对此炒得极为火热，责骂他们所谓落后的、对女人具有压迫性的观点。

来自阿拉巴马的牧师谢恩·康纳特是许多给我写信澄清这个问题的牧师之一：

> 在过去的两个星期里，我发现你节目中的有些女性参与者对妻子应该顺从丈夫的观点，以及当遇到道德问题的时候，这种观点与她们的基督信仰有什么联系提出了疑问。
>
> 《圣经》里没有什么地方要求女人盲目顺从丈夫的意愿。事实上，顺从的第一个行动讲的就是男人的顺从。丈夫要顺从耶稣基督和上帝的意愿，他这样做的时候并不是把自己当作主人看待，而是把自己当作上帝的奴仆。只有在这个时候，妻子必须顺从上帝的意愿——因为丈夫的意愿已经服从上帝。所以，妻子并不是在顺

从丈夫，而是顺从上帝。

一旦丈夫跨越了这个尺度，而且做出了与《圣经》经文相反的行动，妻子对丈夫就不再受道德的约束，因为丈夫已经违背了道德法则！在上帝的王国里，女人现在不是，过去从来也没有被当作男人的奴仆。

男人应该像耶稣基督爱教堂一样地爱自己的妻子。这意味着，上帝要求丈夫钟爱、关心、培养、保护、安慰妻子，甚至心甘情愿为妻子去死。这就是爱。

这位牧师在信的结尾劝诫男人们，如果某个男人认为妻子对他没有表示“适当的顺从”，因此感到心烦意乱，那么，问题出在男人身上！

不管妻子是不是基督教徒，或者在这件事情上面持有宗教观念，她们经常把尊重问题和可怕的盲目顺从搅在一块儿，因此使顺从变成了最起码的退让的绊脚石。

不仅如此，许多女人更容易沉溺于自怜之中。听众利萨已经结婚，有两个孩子，一个六岁，另一个九个月。做一个不出家门的妈妈，对她来说比较陌生，而且刚刚把自己的生活调整到操持家中事务中来。她和丈夫没有孩子的时候，两个人都做全职工作。那时候，他们更像一对平等的搭档，平日工作忙得不可开交，一到星期五俩人就赶快收拾屋子，以便在周末能够好好休闲休闲。现在，她待在家中，他把家务事全部交给了她——她为此非常气愤。

当我收拾头一天晚上留下的一片狼藉的时候，我总是大声抱怨。但是，当我发现自己怨声不断的时候，我感到心灰意冷。有时候我真的非常怨恨，我从一个伴侣的角色转变成了一个管家、女仆和保姆。收听劳拉博士的节目帮助我平衡了自己的看法。有时候我真的需要有人来提醒我：我丈夫约尔在努力工作供养着我们，而且这是一份他自己并不喜欢又十分消耗体力的工作。

真的让我感到敬佩的是，他极少请一天病假。我知道，他工作非常辛苦，我想他一定也喜欢像我一样能有机会待在家里陪孩子。我努力不让消极的想法战胜自己。然而，当我在客厅收拾玻璃杯或者从地上拣起衣服的时候，我还是感到气恼。但是，无论如何，我嫁给了一个非常优秀的男人，他从未有意做任何事情使我的生活变得更加艰难。毕竟我的生活还不那么糟糕。

这些想法使我回想起了我当初嫁给约尔的原因。我嫁给了一个我真正敬重的人，而且我知道他对我忠心耿耿、情意绵绵。

我接到了很多家庭主妇打来的电话，她们埋怨丈夫回家以后不做一点家务。我经常反问这些女人："你去上他们的班、打他们的工作电话、开他们的会、帮助整理文件或者做其他必要事务？"当然，回答是："嗯，不……但是。"问题的关键不是丈夫必须把他们的妻子当作私人女仆、管家，或者侍女；而是在劳动分工的情况下，每一个人都有自己的责任。女人的责任凑在了一天或者一个星期快结束的时候，同时要照顾家人和料理家务。

正如一个名叫乔安妮的听众指出的："关爱和满足丈夫最起码的就是要设身处地为他们着想。"乔安妮的经历非同一般、具有很大的启发性。她和丈夫有两个孩子；一个孩子有严重的学习障碍，另一个孩子有轻微的智力发育缓慢问题。由于丈夫的工作时间较长，到大约五年前为止，乔安妮当起了孩子们的启蒙老师。她感到深深的怨恨，在料理所有家务的同时，她还要为了孩子们单独在家里和孩子们一起战斗，克服他们的障碍问题。

> 当然，我是想让他知道我讨厌他长时间的工作。然而，现在回想起来，我这样做是多么自私，因为他是我们家庭的主要供养者。而且，他也确实还做了一些家务事情，比如说料理草坪、修理房屋、粉刷房屋，等等。

就在五年前，他们的生活发生了巨大的变化。由于在工作中受了重伤，乔安妮的丈夫不能再像过去那样工作了。家里的情形完全倒了个个儿，丈夫现在做大多数家务，包括他以前经常做的料理草坪和保养汽车，等等。据乔安妮说：

> 他没有抱怨过一次！他确保照顾好儿子们。他甚至还教他们开车。当我回想自己对丈夫工作时间长了所做出的行为，我感到内疚不安。毕竟，他是在支撑着我们的家，以便我能待在家里抚养我们的两个不同一般的儿子。我现在意识到了。过去儿子们需要我，现在他们需要他们的爸爸。由于和爸爸一起度过了那么多美好的时光，他们正成长为优秀的、富有成效的成年人。由于我丈夫的健康问题，我们的儿子承担了家里的全部家务来帮助我和他们的爸爸。他们意识到了许多责任，明白了大家团结一心，对不管是处在顺利时期还是处在困难时期的家庭来说是多么重要。

婚姻和家庭里的“角色”问题经常是一个非常敏感的问题。我们这个社会的大环境不管是对辛苦工作的家庭供养者，还是对当家庭主妇的妈妈们都没有给予太多的尊重。女权主义宣扬者和活动者们不断地把男人和女人都挤进他们想达到的地位。无论从男性和女性特有的欲望，还是从男女各自的内在特征来说，这都不是一种有益的竞争。

筑巢做窝、调教培养更具有女性特征；征服统治和保护防卫更具有男性特征。说实话，我们越是忽视人们真实的、内在的男性和女性的特征，我们把男人和女人就拉得越远。

颠倒了传统的社会角色——也就是，丈夫留在家里带孩子——的大多数给我打过电话的女人们被一个事实所困扰，她们似乎对作为“男人”的丈夫们产生的敬意越来越少；相应地，她们感到自己的女性气质在逐渐减少，而且她们为自己不能做孩子们的启蒙老师而感到莫大的痛苦和深深的自责。当然，这并不是说这种分工就不可行，但是这是一个非常敏感的、需要好好平衡的举动，它需要丈夫和妻子在互相补充和满足配偶的女性和男性需求方面具有一定创新。

有趣的是，二〇〇二年四月公布在一家美国心脏协会论坛上的一份重要调查研究表明，根据对将近四千名患有心脏病或死于心脏病的被调查者大约十年的调查，那些公然反对传统社会角色的比那些坚定赞成传统角色的男人和女人们遭遇更多的健康问题，比如说心脏病等等。据 ABC 广播公司的新闻报道：

> 调查人员没有发现大量的工作压力（这种压力的特征是高要求和低自主）会增加心脏病的爆发。但是，他们真的发现，那些工作要求高、位高权重的女人比其他

女人患心脏病的几率要高得多，与她们处于同样情况的男性却没有这种情况。同样，那些把自己当作“家庭主男”的男人们——大约占被调查者的百分之十——比那些出去工作的男人们在十年间的死亡率高出百分之八十二。

研究者把下列因素都考虑进去了：吸烟、年龄、焦虑、压力、家庭责任、血压、体重、胆固醇高低、糖尿病和其他因素。

尽管个体差异会使个人的选择发生错误是一个明显的事实，但是我相信，如果我们接受、关注、呵护男人和女人内在的不同和特殊的本性，男人和女人的最终幸福可以得到最大化。

而且，在有关善待丈夫和满足丈夫方面，我们可以借鉴像下列这名听众这样的普通老百姓的经验：

尽管现在三十一岁，我还没有结婚，但是我观察到当我妈妈需要我爸爸的时候，我爸爸对我妈妈非常好，在行动上表现出他是她生命中重要的、必要的一部分。

另外一名听众柯蒂斯补充说：

多年来，我们所有的男人都听说女人“需要”有人听她们说话。大家告诉我们，不要尽力去解决问题或者给她提建议，只是听她说有什么需求，而且对她的需求表示理解。大多数女人不理解为什么男人到现在都还没有明白这一点。让我来解释一下原因！她似乎还没有理解的是，我真的想做她的白马王子。我真的想骑马前来救她。我真的想让她大为感动，带她远走高飞，从此以后一直永远幸福地生活在一起。

柯蒂斯的信的下一部分写了最令他痛心的感受。他谈到了他永无止境地只听她说，却不进行救助的事情；而为了做一个体贴妻子的丈夫，他心甘情愿救助妻子。但是，当她发泄完毕，并且因为发泄了压抑的感情而感到感觉良好的时候，她的问题得到了解决。然而，他的问题才刚刚开始。

因为妻子只需要他做一块听音板（像一个女朋友或者一个精神病医生一样），而不需要他帮助解决、补救问题、或者进攻她的敌人，他陷入了沉默。为什么？因为，在他看来，他没能成为一个真正的男人，她的男人。他是那么没用、那么软弱无能，不能去帮助她、消除她的痛苦。

我变成了她床上一只暖融融的、软绵绵的、令人想摸的玩具熊，而不是她床上的白马王子。我感到自己不是一个男人。我的自尊落到了最低谷。我只想做一个能够将自己深爱的女人搂在怀中的男人。

这是非常重要的一课，由于妈妈的传授，或者模仿孩提时候的家庭生活，很少有女人能够学到这一课。听众阿姆贝尔写信说，大约一年以前（也就是结婚七年以来），她和她的女朋友们决定好好学习怎么做丈夫的好妻子。

让我们感到羞愧的是，我们真的学到了很多东西。我已经大体上领悟了你教给我的、传授给我的东西。而且你谴责了这样的事实：我妈妈的四次不良婚姻和我们的文化教育使我轻视丈夫、不把他的爱当一回事儿。我肆无忌惮地、残酷地批评他，不管是私下还是（说起来羞愧）在公共场合。我想控制任何事情，特别是家庭开支，因为我错误地认为，他管理事情没有我管理得好。一想到有人或者有事驾驭着我，我就觉得难以忍受。因此，我必须要做一个控制他人的人。

学习《圣经》经文、收听我的广播节目以后，阿姆贝尔认识到她过去对丈夫的态度是多么具有毁灭性。她问了自己下列几个非常重要的问题，这些问题是每一个做妻子的都应该自问的：如果我相信，他就是自己说的、想的、埋怨的那样，我到底为什么要跟他结婚呢？如果我非常爱他，为什么我在行动上对他又那么没有爱意、那么不尊重他呢？如果我继续这样做的话，他凭什么要继续爱我呢？

在最近的广播节目里，我一直使用后面的问题让女人们冷静下来，思考她们对丈夫的行为体现出来的破坏性。比如说，最近有一个二十几岁的女性来访者打电话问我，要她的丈夫刮面须是否公平。他们谈恋爱的时候，甚至在结婚以来的三年前，他没有留这样的面须，但是最近他留起来了。感到羞愧的是，她已经告诉他，她认为他留胡子没有以前英俊。

我带着伤感的口气对她说："告诉我，一个男人被控制在妻子手中比没有自由决定自己是否应该留面须，感受到的尊严多多少呢？"

她认为他留胡子没有以前英俊，我把她的这种评价说成具有虐待性，这更加使她太吃一惊。女人可以在男人身上堆积多少虐待性的语言（批评、抱怨、指责、喊叫），而且还没有意识到它们具有伤害性和虐待性；但是如果丈夫对她们表现出任何明显的轻视（甚至不是有意的）或者反对，她们却会过度敏感，这是一个多么悲哀的事实。我说，这就是双重标准。

妻子们确实喜欢控制——而且是以那些我们甚至尚未意识到的方式。昨天晚上，就在我睡觉之前，我打开了电视机看节目最后的最新新闻。在将频道调到我平常看的新闻台时，我停在了一个电视幽默剧上。我不了解角色也不知道剧情，甚至连节目的名字都不知道。但是我看到了，好像是一个父亲当着儿子的未婚妻的面正在对他已经成人的儿子谈话。父亲说了一些诸如此类的话："儿子，你是一个男人，你可以对任何你认为可信的或者感觉对的事情做出决定……一直到你结婚以前——然后，你的妻子就会替你做出一切决定。"

尽管电视节目中预先录入的笑声声迹在播放着，但是我立刻意识到了，男人被妻子们控制的现象是那么没有得到重视，以致电视幽默剧可以把它当作一种幽默的素材，没有一个人想到这是对女人的一记耳光。

听众亚力克西斯曾经与这种控制观念做斗争，并且尽力想把丈夫变成一个妻子心目中完美的伙伴。

有一件事情可以很好地说明我是怎么对他抱有过高期望的，对此我至今还记忆犹新。在我们结婚之前，有一天我准备到他的住处去吃饭。在路上，我脑子里拼命在想，我一到那儿，他就会到门口迎接我、拥抱我、亲吻我；他的房间肯定是一尘不染，而且他已经为我买了一大束鲜花，摆好了桌子，做好了饭菜，正放着音乐，等等。

但是，当我到那儿，我敲了三次门，最后还是我自己开了门。他躺在沙发上看体育节目，碗、盘还放在洗碗槽里，没有吃的，没有鲜花，没有音乐，而且他只是笑着对我说，“喂，宝贝儿”，跟平常没什么两样……于是，我对他大发雷霆。

我意识到，在我心里我已经把他设计成了一个我知道他本身不是那样的一个人。他很随意而且不浪漫。你看到的是什么样儿他就是什么样儿。但是，他很有道德感，心中充满了爱，而且他怀有强烈的宗教信仰。他主持正义。他风趣滑稽、聪明能干，而且他爱真实的我，所以，难道我不应该爱真实的他吗?

如果大家都这样想的话，留不留面须又算什么呢?

许多女人不是去欣赏一个男人特有的男人味，而总是不停地埋怨——当着丈夫本人、当着朋友、当着邻居、当着家人，有时候甚至当着孩子的面埋怨。

最近，有一个电话来访者问我，她当着十岁孩子的面“发泄”对丈夫的不满是否错了。她说，她丈夫对她说，她那样做是为了在两个人的争吵中让儿子站在她一边，因此削弱他与儿子的关系。出于自卫，她说，她认为她儿子有权知道发生了什么事情——而且，她也承认，她想获得儿子的同情。

想尽量使丈夫在家人面前显得恶劣，这不仅是对一个丈夫、一个父亲在他自己的家里表示对他的不尊，而且要孩子承受父母纠纷的压力、强迫他们为了一个家长而放弃另外一个家长，这也是十分不当的心理虐待。

我建议她，她本人也同意，向儿子道歉，因为她把儿子卷入了一种由父母的冲突引起的三角关系之中；我建议她向丈夫道歉，因为她使用了这种龌龊的手腕。

另一名听众写信向我承认，她过去对丈夫非常挑剔。现在她觉得可以理解，也许他没有按照她说的方式去做事，但是他毕竟还是把事情做完了。

> 最后，我认为这些事情并不是那么事关重大，比如说，他们一天的早餐、中餐、晚餐都吃 PBJ 三明治，或者有一次他们忘了刷牙，或者别的什么过去可以让我暴跳如雷的事儿！
>
> 我认为重要的是，我们的儿子已经了解到他们的爸爸是一个令人敬畏、聪明能干、富有爱心的家庭管理者。更重要的，我意识到我给儿子们树立了一个妻子应该怎么做的榜样。以后我希望儿子娶一个像我过去对待丈夫那样对待他们的人吗？不！

在自己的家里对丈夫表示尊重，不仅仅是告诉他，有人爱他、有人欣赏他，而且也给下一代人的婚姻制定了游戏规则。有什么比这更重要的呢？

另一名听众贝基写道，她妈妈早就警告她，不要向她对丈夫埋怨、批评、发牢骚。

> 我想，我妈妈给了我最好的建议；事实上，自从结婚以来一直到今天，我都遵照这个建议做。妈妈说话的主要意思非常简单：如果你想要我爱这个、尊重这个正

在和你谈恋爱、最终还要结婚的人，不要向我抱怨他的一切错误和弱点。也许你可以轻而易举地原谅他的言语和行为；但是，我作为你的妈妈，我不想看到你受到伤害。我接受他的道歉比你接受他的道歉要难得多。

贝基承认，有时候很难遵从这个很好的建议。某些时候，她特别想就某个事情向某个人发泄她的愤懑。但是，一旦那种感觉产生的时候，她就会停下来想想妈妈对她说的话，而且，正如她自己说的，她就会意识到“没有什么感情的发泄值得去伤害丈夫的荣誉”。

在这一章的开始，我引用了我的一位听众温迪的话，她说：“女人爱一个人很容易；上帝造就她时，她就能做到这一点。但是尊重他人，对她来说更难。”这是一个令人伤心，但是非常重要的现实问题。温迪在信中继续说：“尊重一个人意味着用一种启发性的方式去对待一个人，绝不要去贬低或者攻击一个人。”

她在信中承认，当她和丈夫十六年以前结婚的时候，他们根本不知道怎么去公平地、尊敬地与对方交流。尽管像所有新婚夫妇一样，他们承诺互为朋友，但是他们却同样陷入了那种熟为人知的、具有太多“狎侮”的陷阱，对待彼此比对待陌生人或者熟人还要差。他们也许会说彼此相爱，但是他们的举止和言语似乎与这种感情的表露背道而驰。

最后，温迪去上了更多的宗教和精神方面的课，她选择了把自己的丈夫看成是上帝赐予的礼物，因此是值得尊敬的人这种观点。

即使在我们很难相处的时候，我也会越过正在发生的事情去看问题，用上帝看他的角度去看他。当我向丈夫显示尊重的时候，他就不回击我了——他首先这样做。然而，如果事情没有明显进展的时候，要按照上帝说的那样去做，真的很难。

但是，上帝正在苦心经营，愈合我已经对他造成的旧伤口，让他明白、让他相信我会坚守诺言。从那时候起到现在，我丈夫发生了巨大的变化。我们成为了一个团队。我们互相尊重。我们尽力把对方的需求放在自己需求的前面，完全相信我们的配偶会满足我们的需求。

学会透过问题看本质，把上帝的爱传送给丈夫，这对我们来说关系重大；决定对上帝赐给我们的这个男人表示尊重，对我们来说也关系重大。

那么具体来说，对丈夫尊敬实际上意味着什么呢？首先，男人喜欢并且需要被当作一个真正的“男人”来看待。对许多女人来说，这一点很难做到，部分原因是，因为从小生活在一个“只有一个性别”的观念之中。这个令人伤心的、错误的、具有毁灭性的观点宣扬男人和女人没有区别——而且，不管男人怎么做、怎么想，女人都不用感激。这真是一种愚蠢、具有破坏性和自溺性的观点。然而，不争的事实是，男人和女人在情感、心理、动机和性情上都有区别。任何一个接触过婴儿和儿童的人都知道男孩和女孩对世界的反应从小就不一样。同时给男孩和女孩一人一个洋娃娃，女孩会去抱它，而男孩更可能会把它当作射弹或者武器；同时给男孩和女孩一人两个洋娃娃，女孩就会让这两个洋娃娃互相说话，而男孩就会让这两个洋娃娃打起仗来。

在我的广播节目中，我已经详细讲述了我的一次经历，这次经历鲜明地指出了在父母对子女养育的过程中男性和女性的细微差别。有一次，我站在游泳池旁观察一对夫妻和他们的婴儿一起玩耍。首先，妈妈把婴儿面对着抱在胸前，跟他呢喃说话，好玩儿似地把他猛地举上去又放下来。过了一会儿，妈妈把婴儿递到了爸爸手中，爸爸马上把婴儿的脸转向外边，然后一会儿把婴儿放入水中一路向前哗哗地划过去，一会儿又把婴儿举向空中。我的观察结论是什么呢？妈妈就等于保护和呵护，爸爸就等于自主和冒险。正是由于这种完美的平衡才得以产生一个分工不同的、安全稳定的人类。

如果一个女人把她的男人当作自己的一个孩子来对待，如果她压制他，或者阻碍他的自主、闯荡、冒险、竞争、挑战和征服的需求，她最终就会培养出一个闷闷不乐、不愿合作、没有爱心和充满敌意的笨蛋。

听众塔米听取了她父亲的忠告，这一章的开始已经引用（“你就要嫁人了。永远把他当一个男人来看，他就会表现得像一个男人。”），她说，

> 我注意到，在我们的婚姻、工作、家庭、孩子、事业的每一个方面，如果我把他当一个男人看待，大卫就会做得更出色。
>
> 我这样说，是指我不要求他做什么事情。我请他做事情。我给他提供几种选择，然后要他挑选一个。我从来不在孩子面前跟他发生争议。我不会把他的家人置入一种令人不快的情形——我让他自己去处理他家里的事情。
>
> 我从来不在他的家人、同事、孩子、邻居或者朋友

面前做任何使他难堪或者让他感觉没有男人气魄的事情。

让我来告诉你这样做使我领悟到了什么。我领悟到，如果一个男人能够酣畅淋漓地表现他的男性气质，他就会经常一心一意地对我温柔体贴、情意绵绵、甘于奉献，因为他从来不用担心要保护他的自尊或者要证明他是“一家之主”。我已经为他做到了这一点。

我想，大多数女人都没有意识到，她们对家庭甚至整个家族的氛围承担的责任是多么重大。这种说法不是想寻找某人的差错或者追究谁的责任，它只是想说明，在影响她周围的人或者事方面，女人具有令人难以置信的力量。孩子们和丈夫都坚决想得到妈妈的认可、欣赏和接受。如果得不到这些，他们就会产生一种被人遗弃的感觉——而且会表现拙劣。

另一名叫做 C. J. 的听众写信给我说，在大约结婚五年、已经有了四个孩子的时候，她开始讨厌婚姻。她已经对她的日程表感到厌倦——搞卫生、带孩子、做饭、购物，几乎所有的事情！她甚至开始失去了跟丈夫相爱的感觉。

于是，她决定培养自己的迁就感。她开始裁减“家务事”，直接对丈夫表示更多的关心。这当然是与流行的精神需求和女性杂志宣扬的观点完全背道而驰的。这些观点的发起者们经常宣扬，如果一个女人对自己的生活感到“满足”，她们就应该去洗桑拿、泡温泉、单独休假、更多时间与女性朋友在一起、做整形手术、与人私通，或者离婚。这一切都是在追求“满足个人的需求”。

但是，C. J. 决定把能够花在那些方面的精力都花在对丈夫的温情和关爱上面。她是怎样通过那样做而满足自己的需求的呢?

> 我开始把家务活儿看得淡一点，将更多的注意力放在他身上。我不是告诉他我爱他，而是告诉他我崇拜他。白天，我给他打打电话，为的是提醒他我崇拜他。当他疲惫地回家时，我开始宠爱他，而不是讨厌他。当一群人在一起的时候，我总是故意赞扬他为我和孩子们所做的一切。我经常吹嘘他是一个多么了不起的爸爸。
>
> 我认识到，我选择了这种生活，所以我要感激我所拥有的一切，而且很快我就开始信赖这种生活。
>
> 你也许会称之为安慰他的自尊，但是这种方法却取得了成功。我给予的关注越多，我得到的关注也就越多。他更感兴趣的是，他有一个崇拜他的妻子，而不是一间收拾得无可挑剔的房子。我成为了“她”，因此重新又爱上了我的丈夫和我的生活。
>
> 作为回报，他对我表示了他的爱。我认识到我的情绪决定家庭的情绪。

但是，自从什么时候起这种真诚的、对丈夫自尊的抚慰跌落成了一件不光彩的事情呢?很可能是在女权主义者宣扬关爱男人就等于背叛姐妹这种观点以后。

太多的女人失去了太多能够过上幸福而富有成就感的生活的机会，因为她们被人利用、相信这种具有破坏性的观点：如果把男人看得越低、越不重要，女人就会被看得越高、越重要。

在我的广播节目中，我听许许多多女人谈到，她们认为，在某种程度上她们有权使自己的需求、想法、欲望和情绪得到满足；不管她们做出了什么选择，也不管她们对待自己的男人怎么恶劣，她们应该从整体的生活中得到满足，特别是从她们的男人那里得到满足。

这些埋怨中的两大主要类型都是关于家庭内部事务和情感的。听众凯利写信给我，发表她对我节目中一个电话来访者的看法，因为这个来访者不断地埋怨她的丈夫不能满足她的“情感需要”。凯利承认，她在三十多岁的时候也一度陷入这种困境之中。但是她现在反思，那段时间是十年的浪费，因为她把无数的时间花在由于丈夫不能满足她的情感需要而抨击丈夫上面了。

> 这是现在流行的心理状态，其中一个重大的缺陷。事实上，它涉及更多的是一个人对婚姻在理论上的理解而不是事情的真相：婚姻是一件非常辛苦的工作。如果你们共同抚养孩子，而做妈妈的不外出工作，这样就会给丈夫增加很重的负担。因为为了在经济上用他一个人的收入支撑整个家庭，他不得不完成分内的工作。在我没有外出工作的那些年，劳拉博士，正如您说的，我从来没有好好赞扬过我的丈夫“屠杀巨龙历尽艰险”——而总是把所有的时间都用来埋怨他没有满足我的情感需求。

当被发现长了脑瘤时，凯利的观点发生了变化。她的那位所谓“没有感情”的丈夫在医院里一连整整三天陪护在她的身边，在她将近三个月的治疗和恢复时间里，他既当孩子们的爸爸又当孩子们的妈妈；而且为了供养这个家，他还要每天转乘公交车上下班。她坚定地相信，有时候为了得到你的关注，上帝一定会履行他的义务——她认识到了这一点。

她对丈夫产生了一种新的欣赏和爱意。她开始能够理解和尊重她丈夫对生活、家庭、挑战以及困难采用的男人的处理方法。

男人生来就是要发挥救助、补救、供养和保护的作用的。男人不坐享其成、不心浮气躁、不斤斤计较。男人积极进取、行事主动。他们这样做完全是出于爱、责任、义务和他们的性格。如果一个女人嫁给了一个好男人，想和他过上幸福的日子，她必须学会尊重和欣赏男人的这些品质。一个好男人就是这样——一个真正的男子汉。一个好男人不是你最好的女朋友。

听众斯蒂芬妮写道：

> 终于有人出面处理这个问题了。我真的很激动。直到我好几次听你说，夫妻双方中选择留在家里带孩子的一方应该承担义务，做饭、搞卫生、洗衣，做所有那些平淡无奇的、家庭运转不可缺少的家务小事，这样，另一方就可以外出工作赚钱保证家庭的成功和幸福，我才意识到我过去对婚姻造成了多大伤害。

斯蒂芬妮结婚差不多两年了，有一个九个月大的小男孩——就是这个意外来到人间的小男孩把她从办公地带出来，带进了家里。只有几个月的时间，她就开始讨厌她自认为的丈夫的“自由”，与她被困在家里的感觉相对比的“自由”。她从来不谈她的感受；而是把这些感受发泄在丈夫身上，说什么“我没有心情做爱”。

像很多女人一样，她觉得很难放弃工作，因为她已经把自己定位于她在公司担任的职务上。她没有了保证平日声望的机会，她接不到向她征求意见的电话了，她失去了差旅的激动、经常性的挑战和新信息的摄入。

然而，有一次她突然顿悟：“我实际上得到的远远超过我应该得到的，我已经非常幸运了。”她给我们描述了一个其乐融融的家庭，大多数时候，大家都一起吃早餐、中餐和晚餐；她还给我们描述了一个她认为最聪明能干的丈夫。

没有任何事情比我们的婚姻和我们的儿子更重要。我对丈夫怀着一种他从未得到过的感激之情。自从我产生了上述顿悟之后，我们的婚姻发生了变化，浪漫、深情、尊重、亲密！

我们对儿子和以后的孩子们的最大的期望就是，让他们懂得，组成一个家庭意味着什么，为了别人的幸福做出牺牲意味着什么，而且让他们领会看到自己的家庭日渐强大的那种纵情之感。当我们的儿子和他未来的妻子为我们的孙子创造同样充满爱意和温馨的环境时，我和丈夫肯定会高兴得昏天黑地。

也许家庭的价值会重新成为人们普遍关心的问题，现在一时兴起的这种女人们为了统管家庭而破坏家庭的“时尚”观点马上就要落伍。

女权主义者宣称，如果女人统管一切就会拥有权力。这种观点阻碍了许多女人认识能力的发展，使她们不能认识到，在现实生活中我们各有选择、分工不同；生活的真正快乐和意义不在于我们拥有多少东西、做了多少事情，而在于在我们自己的分工范围内，我们为别人做出的牺牲和承担的责任。“十诫”中有关贪欲的戒条警告我们，任何不能拥有现在的一切的人就不可能拥有想要的一切。如果我们不开心地对待并感激上帝赐给我们的礼物和幸福，我们就会为我们自己以及我们深爱的人制造出一个人间地狱。

詹尼弗打电话到我的节目中，埋怨她那位当急诊医生的丈夫。

詹尼弗：我是孩子们的妈妈。我有一个五岁和一个三岁的孩子——两个都是男孩。为了弥补今年开始的工资下降，我丈夫主动加班工作。但是我们不需要额外的钱，我需要他留在家里。

劳拉博士：留在家里干什么？

詹尼弗：当父亲。

劳拉博士：他上班几个小时？

詹尼弗：一天十二个小时，一周四天，而且有时候他接到电话还要出诊。

劳拉博士：当你从某个东欧集团国家以婚姻的形式被贩卖过来时，你清楚自己将嫁给一个医生，对吗？也许你不了解一个医生妻子的生活——这意味着妻子对家庭和孩子要承担更多的个人责任。

詹尼弗：我知道，不管成功与否，他考虑任何事情都会根据自己的经济实力量力而行，而且他想早点儿退休。难道他在上班的时候，我去忙我的事情——去看看我姐姐、做我想做的事情错了吗？他回家的时候如果我不在家就是不支持他吗？

劳拉博士：是的，这就是不支持。去看你姐姐，但是及时回家给他做好一顿热腾腾的饭菜。因为这是你照料家庭的一部分——而且他也在做他那一部分工作。

詹尼弗：但是我们不需要那部分额外加班赚来的钱。

劳拉博士：因为他在尽力挽回因为降低工资而失去的那部分钱，从某种意义上来说，他是一个贪得无厌的人，是吗?

詹尼弗：我不这样认为。

劳拉博士：这是我从你所说的话里面感觉到的。你有很重的反感情绪。你后悔没有嫁给一个工作作息时间是早九晚五的人。你嫁给了一个有专业技术的人——一个要随喊随到的人。他的工作就是紧急处理病人。这要求他有一种特殊的心态，处理生命与死亡的紧急情况，减轻人们的焦虑，重整人们的身体部位。

你必须支持你的男人，因为他在努力工作照顾家人，使他们处于一种经济无忧的状态。他工作的时间听起来很像消防队员的工作时间。你必须做好你分内的事情——他也必须做好他的分内事。

白天，当你丈夫在清洗血迹和脓疮的时候，你可以把两个孩子带出去看电影。我真的不想听你埋怨他的工作时间，因为这确实不是什么很吸引人的时候——想起他不得不做的大部分事情，这些时候真的非常恶心。

你有相当大的自由做你自己想做的事情。当两个孩子都去上学了，你可以充分利用那些时间。我认为你应该对丈夫充满更多的感激之情，因为他在努力工作养家糊口，使你们每个人都感到经济宽裕、独立自主，而且他在做着一件造福人类的事情：帮助所有生了病和因疼痛濒临死亡的人。我认为你必须更加尊重你的丈夫为他们、为你、为你们的家所做的一切。

所以，白天，做你自己想做的事情，但是要保证做好热腾腾的饭菜等着他，并且在他回家的时候，送上一个微笑、一个拥抱。因为你越是营造一种你非常感激他在外上班所做一切的气氛，他就越想回家。

最后，有一名丈夫给我寄了一份他写给妻子的信的副本，这封信他一直写到凌晨两点。

想到这本书中公开的主题，他认为这是一个非常重要的巧合。

显然，他一直在和妻子沟通有关他们婚姻质量和前程方面的感受以及想法。她匆匆决定，解决问题的办法就是到迪斯尼乐园玩两个星期。但是他认为这种旅行不会给改善婚姻带来什么奇迹。

我相信，这个男人的信代表了一个普遍的真理。这个真理一直被某种文化取向予以否认，而且大部分已经不复存在，因为这种文化取向顽固地宣扬人的价值是用权力和金钱来衡量的。这个真理就是，家庭需要一个男人一个女人，一个丈夫一个妻子，一个父亲一个母亲，而不是需要有着相等权力、都以事业为重的两个人。

这位丈夫对妻子写道：

随着岁月的流逝，我进一步认识到，你是一个以事业为重的人，一点儿也不理解作为一个妻子和一个母亲的实质是什么。如果你愿意，你可以认为我传统，但是我深信母亲应该把更多的时间，也许是百分之一百的时间花在家里，用来呵护和经营这个家。

但是，经常的情况是，作为一个妻子和一个母亲，你忽视了太多本来就属于这个家的事情。我们的孩子缺少关注、缺少培养、缺少调教。他们的生活没有任何规律，他们做事情毫无头绪。我认为，母亲就是调教者和老师，她们必须尽可能多地把时间花在孩子们的身上，教他们应对生活的道理和技巧。说实话，你没有尽到过母亲的责任。我们的孩子太没有人管，以致他们不能独自处理事情、判断是非。

谈到作为一个妻子，你更没有付出努力。而且我认为你再也不爱我了。在你的日常安排中，做爱没有被放在重要的位置；对我表示任何亲密的举止行为也没有被放在重要的位置。

对你我越来越没有兴趣，对共同维持这个家我越来越没有激情。我感觉你嫁给了你的工作，你对它承担的责任比你作为一个妻子和母亲对我们承担的责任要多得多。

我不是在标榜，我是一个完美的丈夫和父亲。你和我的工作时间都太长了，但是我相信你低估了一个家庭里母亲的重要性。父亲和母亲在一个家庭里起着不同的作用。我从来没有阻碍你攻读博士，但是我认为，在目前我们家庭的情况下，这不是一个最好的选择，不应该放在我们家庭事务的重要位置。

我想爱你、和你在一起、支持你，但是我必须承认，我感觉我们现在都正在失去对方和孩子。我不知道完整的答案是什么，但是我相信，我们必须对家庭花更多的时间，以便培养、发展和呵护我们的家庭和我们的关系。

“固定的角色”这一观点惹火了一些人，变成了一个具有争议的话题。事情不应该发展至此。我在节目中多次说过，由于女权主义运动认为婚姻、抚养孩子、打理家务对女人来说不重要而且具有侮辱性，女人们已经被玷污。乱搞性关系、与人同居、打胎、生私生子、赶交通高峰期、玩弄办公室权术难道对女人就很有好处吗？

我是一个有工作的妻子和母亲，我珍惜这个机会，愿意利用自己的技巧和才能在我认为有意义的事情上发挥创造性的作用。但是不管怎样，我认为我的第一和最重要的责任就是当好“我的孩子的妈妈”。我围绕着家庭开展事业——而不是从相反的方向。我一生中感到最为满足的就是，一个瘦高瘦高却还强健的十几岁的男孩儿对我说“我爱你”（甚至就当着他的伙伴们的面），还有就是一个当了差不多二十年丈夫的男人仍然说我“漂亮”。

只要女人轻视她们作为妻子和母亲应该履行的义务，她们就会继续轻视她们的作为丈夫和父亲的男人。没有一个人会得到好处，没有一个人会过得幸福。

第八章
和朋友们在一起的时间

一个女人应该尽力去懂得，一个忠诚老实的丈夫如果进行三个星期的狩猎之旅并不表明他不爱她。他只是想杀掉某个东西。没有比这个更复杂的意思。

乔希

沙宾诺打电话到我的节目中问我，是他对，还是他妻子对。引起问题的事情与一次去西雅图的周末旅行有关。在他和他妻子的计划中，这是一个他们独自休闲的时光。但是，沙宾诺偶然对他的好朋友邻居提到了这次旅行，这个朋友住在下一个街区，结了婚，有小孩。他认为这种远足是一个好主意，而且主动对沙宾诺提出，他和他家人陪同旅行。沙宾诺不想让他的好朋友失望、伤他的心，于是他说："好。"

然而，沙宾诺的妻子认为这不好，因为她一直盼望一段安静、亲密的、属于自己家人的时间。

沙宾诺想听我的意见。他是在开玩笑吗？

这不是一个合理、健康甚至必需的"和朋友们在一起的时间"的例子。这是一个对婚姻极度缺乏成熟和责任的行为的例子。当一个男人在他的密友和妻子之间更怕让他的密友失望，这说明他事实上已经表现出"大丈夫"气概，已经恢复了他过去才有的青春男人的血气方刚。

沙宾诺的理解似乎倒退了。他认为，一个真正的男人就是勇敢地反对自己的女人，与密友站在一边。但是，一个真正的男人可以勇敢地反对他的密友，与自己的女人站在一边，而且可以相信，这能够突出和加强而不是削减他的男性气质——因为他涉及的不是一个表面的问题而是内在实质的问题，而这个实质就是由尊重和责任组成的。

现在我们谈谈另一方面，很多女人对男人想有和朋友在一起的时间的需要表示完全反对和极端愤怒。我接到的这种女人打来的电话几乎数不胜数，她们极度憎恨自己的男人拥有单独的时间，即使在这些时间里他和男性朋友在一起。他们经常做的事情就是做做体育运动（比如说，打高尔夫球、篮球或者棒球），看看体育比赛（通常要有烤干酪辣味玉米片和啤酒相伴)，进行短途旅游（经常是钓鱼、打猎、或者爬山)，或者做做别的温和一点的事情，比如说打扑克（要有更多的烤干酪辣味玉米片和啤酒相伴）等等。

妻子们的这种憎恨从哪里来呢？尽管这些妻子们提出来的、用以解释他们为什么反对丈夫和朋友们在一起的理由千差万别，中心问题看起来好像是不安全的问题。这种不安全包括，担心她们的丈夫不是真正地乐意和她们在一起，或者担心她们自己在没有觉得心情不好的时候怎么独自打发时间，或者担心她们自己嫉妒丈夫有爱好和朋友，或者担心在没有她们的影响和控制的时候，她们的丈夫也许不会认为他们的关系和他们的家庭状况悦人心意。同时，许多女人认为婚姻和家庭的任何事情必须要以她们为中心才有效、才可以接受。

最近，有一个女人打电话谈到了她在部队乐团服役的丈夫。她因为丈夫事先没有跟她商量就答应在情人节那天进行表演而感到心烦意乱，她打电话来问我，她这样心烦意乱是否合理。

我和她谈到了她结婚前，问她那时候她丈夫是否也搞音乐。她说他一直搞音乐，而且在他们订婚的时候他就加入了现在的这支乐队。

“宝贝儿，”我说，“你必须学会接受你自己带回家中的动物。你不可能有意把一头大象带回家中，然后指望它蜷缩在你的大腿前发出咕咕声。”

对许多女人来说，这是一个大问题。她们认为，丈夫结婚后应该变得完全驯服，她就是主人。鞭子就是她的欲望和感受。在某种程度上，男人还可以忍受……然后他们就会忍受不了。

我建议她在情人节那天，在丈夫的乐队进行表演的宾馆租一个房间，去看他的表演，然后把他带上楼，点上蜡烛、倒上红酒、穿上性感的睡衣。我提醒她，她主要的问题就是接受自己的选择。

有一名听众写信谈到了这个问题。她最终明白了，她带回家中的是什么样的动物，她不再威胁它，把它变成她想要的那种动物。她最后成功了。她写道：

> 刚结婚的时候，我发现自己非常讨厌我丈夫把整个星期六和星期日下午用来打高尔夫球。这成为了我们两人之间使关系紧张的、一个经常性的问题，直到有一天我突然意识到他打球根本没有我们谈恋爱时的两年半时间里打得多；在我们住在一起以前，我同样居然没有注意到这一点。
>
> 我对他说，我不会再烦扰他；因为，毕竟做他喜欢做的事情能使他成为一个更加快乐的人，更加称职的丈夫。
>
> 现在，在准备出去打高尔夫球之前，他总是问我是否介意；整体来说，他打得少了，而且在没有打的时候给予了我更多的关注——全都是因为他感激我改变了态度。

这个妻子就是聪明的妻子。她考虑到了选举中的两个候选人：一号候选人，总是怒气冲天，经常抱怨，不仅破坏了她和她丈夫的共同生活而且破坏了自己的生活；二号候选人，接受她带回家中的动物，用积极的态度重新塑造他的性格。她最后给二号候选人投了票，随后，一切都变了。为什么？因为他不再认为自己的妻子在改变本来的他、挑剔他所做的事情。她看到了一个欣赏男人真实自我的妻子——这使他想成为更具有男子气的男人。

值得再次提到的是，男人首先是渴望母亲的接受、认可和欣赏（acceptance，approval and appreciation），其次就是妻子的，而且当他们获得了这三个 A 的时候，他们会付出一切努力让妻子高兴。

另一名听众布赖恩写信给我，谈到了他普遍看到的问题——不仅仅是在他自己的家里——与单独时间有关的双重标准问题。

> 当涉及与朋友们在一起的问题时，经常的情况是，她几乎可以随心所欲地出去，几乎不考虑到我所做的安排。但是如果我要花时间和朋友们在一起时，经常等待的就是打架的发生！她说，她认为我应该相信她、给她自由。但是，就像鞋子穿到了另一只脚上一样，一旦事情轮到我这边的时候，如果我想和朋友们在一起，用她的话说就是，我不爱她或者不想和她在一起。即使我邀请她去，她还是这样说！
>
> 我认为这是某种形式的操纵：总是想按照她的方式行事，而不给我同样的机会。大体上来说，就是她最重要。

这，就是很多丈夫得到的体会。他们开始意识到他们的感受、需求和欲望真的与他们的妻子毫无关联，或者他们的妻子认为，与她们更重要的想要做的事情相比，这些只是讨厌的东西和障碍。

这不是一种可以让男人幸福的方式——甚至不能让一个男人真正地称其为男人。正如听众吉姆所说：

> 妻子需要浪漫、拥抱、亲吻和惊喜。如果她们不对丈夫说他是一个笨蛋，如果她们不认为某个晚上他出去和朋友们在一起就是冷落了她们……或者在一百六十八个小时里，我留出四个小时属于自己就是过分自私或者是自己溺爱自己，她们可以得到更多的浪漫、拥抱、亲吻和惊喜。

当很多男人们打电话到我的节目中，抱怨他们的妻子不支持他们和朋友们在一起的时候，他们会列举出所有他们为妻子和家庭所做的一切。他们把这一切作为一种为自己辩护的证据，因为妻子谴责他们自私、不管事或者漠不关心。这些男人往往要承担许多家庭事务和对外事务，如果需要，周末和晚上他们还要做家务。他们做饭、刷盘子、修车、维护房子、给草坪除草、给树篱修枝、参加孩子的运动会和学校的典礼、在回家的路上中途停留下来到商场买东西，甚至在妻子去逛街并出去和妈妈或者女朋友吃午饭，或者在妻子去做运动的时候“临时看管”孩子。

不管他们做不做上述这些事情，这些男人都不仅仅会受到妻子的批评，而且还会不允许和朋友们在一起。事实上，他们需要这种和朋友们在一起的时间，用来发泄心中的不满，排遣精神和体力上的紧张，找回他们原始的雄性气质，或者纯粹乐一乐，让自己保持头脑清醒和精神舒畅。

妻子们会经常性地安排一些家庭互访、医生咨询等事情，或者干脆说自己不舒服，或者说她们被一个星期的事情累得筋疲力尽，或者说自己被人际关系问题搞得太心烦意乱了。她们需要丈夫在家陪着她们，用以减少丈夫和朋友们在一起的时间。

我认为大体来说，女人们都不是很重视自己的男人，而是想把他们塑造成她们心中的那个丈夫——她们的丈夫——应该具有的模样。这又使我回想起“你所选择的、带回家中的动物”这个比喻。女人们经常会被身强力壮、喜爱音乐、多才多艺、感情投入和热情大方的男人们所吸引，不需要什么正当的理由。如果她们是因为崇拜这些男人的品质，而且希望发扬这些品质而被这些活跃的男人所吸引，这很好；但是，如果她们是因为她们想像那些沐浴在男人光辉里的少女一样，认为通过与“伟人”的接触而能够获得某种价值或者身份而被这些活跃的男人所吸引，这就不好了。前一种情况说明男人和女人会成为很好的一对。后者说明男人和女人会成为像点燃导火线就爆炸的、一触即发的一对。

另一名和一位音乐家结了婚的听众给我们讲述了她从“后一种情况”转变成“前一种情况”的过程：

> 首先，我和丈夫是在互相认识一年以后，仅仅认真谈了四个月的恋爱就结了婚。他真的很喜欢弹奏音乐，但是我认为这不应该是他生命中排在首位的事情。我想我才应该是。多年以来，每当他出去排练和表演，我就非常生气。我花了七年的时间才认识到，我不可能改变他和他对音乐的渴望。他曾经告诉我，他是为了解闷。
>
> 经过无数次沉闷的时刻、无数次的争争吵吵和威胁离开，我终于接受了这个事实：他需要解闷。现在，我已经学会了把他外出的那一段时间利用成属于自己个人

的时间。如果排练取消了，他回到家里，我还觉得有一点别扭，因为我没有了属于自己的特别宁静的时间。

我们已经结婚九年，听了你的节目后，我把自己的许多蠢事放在了次要的位置，而且意识到我的丈夫是一个真正优秀、钟情的丈夫……只是不是在我“期望”他的每个方面。

她的信揭示了一个非常重要的道理，那就是，许多女人希望她们的丈夫总是屈服于他们妻子的意志和一时的情绪，但是丈夫们自己的生活却好比一封信一样，完全取决于别人的书写。这也就是说，婚姻不应该是指夫妻中的一方应该对另一方的幸福、行为和心态承担全部的责任。婚姻不是指我们应该完全相同——它是指我们应该支持理解必要的个性以保持心态和情感的健康，最终保持双方关系的和谐美满。

如果没有这种健康的平衡，婚姻就会衰败甚至解体。听众坦兹表示，她经过了刻苦努力才认识到了这一点：

我认识到了，除了我以外，丈夫还需要有别的兴趣！过去，每当我的前夫去看他的兄弟姐妹或者朋友而不带我去（大约每隔一个月，他才花那么几个小时去看他们），我就埋怨他，一连几天在行动上表现得像一个被宠坏了的小孩！他为什么不想把每一个清醒的时刻都放在和我在一起呢？很明显，他不爱我！

经过了一次痛苦的离婚和许多次的心理治疗以后，我认识到丈夫和朋友们在一起，或者在外面干他感兴趣的事情时，他会更快乐。如果你能适当地支持他们和别人打交道，在行为上不像一个想控制他们生活的、被宠坏了的小孩子，这一切都能增进你和丈夫的关系。

坦兹现在有了一个新的“亲爱的”，他喜欢每个星期和朋友们在一起待几个小时，而且经常激动地打电话回来让她分享他的快乐。坦兹现在已经培养了自己的爱好，结交了自己的朋友，她再也不依赖于她的丈夫，把他当作自己的一切。

坦诚地说，为了保证双方都在婚姻——孩子面前——保持平等的和中心的地位，适当的安静和单独的时间是必要的。现在，对这种时间的渴望和需求也许会根据你生活的现实情况而有所波动。但是在大多数情况下，它是解除压力的一剂良药，而压力甚至会是你在履行日常的义务、任务和责任时的副产品。把压力看做你头脑和心灵里的静电荷，它必须用安静的思考或者行为的完全变化这两种方式来排除，不要阻挠你自己或者你的伴侣进行这种必要的发泄。没有这种发泄，我们的生活和婚姻就会变成一个充满蒸汽的压力锅。

我认为夫妻双方都有责任使自己精神振作，以便在家庭和婚姻里展示自己最好的一面。

有时候，日程安排问题可能会成为一个有意讨价还价的筹码！听众基斯写道：

> 我妻子在兴趣爱好方面不依赖于我。也就是说，她有自己的朋友和工作，不完全依赖我给她带来愉悦。当我们作为一个团队共同解决问题、共同做事的时候，有时候，我们还可以共享快乐时光。
>
> 我俩关系中比较不重要的一个方面就是，我的妻子偶尔允许我享有打高尔夫球或者看体育节目的独立和自

由——也就是说，她让我拥有我自己的某种生活。她让我和她讨价还价，如果我洗了衣服，我星期日就可以看足球赛。她说这是双赢！

我不倡导每个伴侣完全独立。但是，我相信，我们成功的最主要原因之一就是，我们适当地可以追求各自的爱好。与其他我观察过的妻子相比，我的妻子不需要我一天二十四小时给她提供快乐。持有别的兴趣能使我们俩对对方更感兴趣。

我没有忽略，当谈到他有机会获得休闲和朋友们在一起的时光的时候，基斯使用了“允许”和“让我”这样的字眼。我认为，他这样说不一定就是表明他怕老婆，我认为他提出了一个我在这本书里已经提到过无数次的普遍真理：儿童时代，男人被女人抚养；成人时代，男人被女人拥抱，而且渴望从女人那里得到三个A。这给予了女人驾驭男人的极大权力，一种不应该滥用或者过度使用的权力；一个成熟的男人变成一个具有反抗精神的孩子，这非常容易。

女人经常有很多机会“和同性朋友一起悠闲”。做妻子的不应该阻止丈夫做同样事情的需求。男人需要和女性特点和驯服状态保持一定距离，以便重新主张一个重要的，然而被社会所轻视的真理——起码的、基本的、原始的、具有男性特征的需求应该得到尊重。当男人获得了出去的时间，他们回来的时候就会对我们表现更好。

听众阿里森已经能够心平气和地对待这种现实真理：

我丈夫和我拥有我们认为非常幸福的婚姻。除了不互相改变对方以外，我完全让他有和朋友们在一起的

“密友时光”。大多数情况下，他们在星期六的晚上在我们的车库里（有台球案和电冰箱）聚在一起打扑克——但并不是每一个星期都这样。他们经常等到我们的孩子们睡觉以后才开始，以免给我加上额外的负担。

整个星期，他工作都非常努力，我认为他应该享有做一个真正男人的时间和做一些男人们的事情的时间。在那些时间里，我经常就控制着电视机遥控器自得其乐，或者玩玩电脑，或者为自己做一些事情。

他也给我属于自己的时间——这不是单方面的。

大多数他的朋友们的妻子不像我这样认为，她们认为丈夫的聚会是一个需要争论的问题。

我认为丈夫有这样的时光会使他变得更加轻松。

阿里森真是一个聪明的女人，一个聪明的妻子。

现在，你也知道了怎样做一个聪明的——更加幸福的妻子了。